성장은 나를 ┃ 최고로 만든다

비전을 현실로 바꾸는 힘

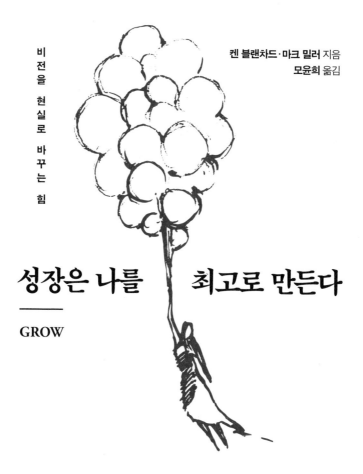

켄 블랜차드·마크 밀러 지음
모윤희 옮김

# 성장은 나를    최고로 만든다

GROW

드림셀러

우리가 성장할 수 있도록 영감을 주고 도움을 준 모든 분들께
이 책을 바칩니다.

_ 켄 블랜차드

한국의 독자들에게 먼저 감사의 인사를 드립니다. 한국은 제게 특별한 의미가 있는 나라입니다. 《칭찬은 고래도 춤추게 한다》라는 책 제목을 거의 모르는 사람이 없을 정도로 큰 인기를 얻었다는 말을 듣고 아마존 명예의 전당에 오른 것 이상으로 제게는 말할 수 없이 큰 영광이었습니다. 이번에 《성장은 나를 최고로 만든다》를 통해 한국의 독자들을 다시 만나게 되어 제 인생에서 또 하나의 큰 선물을 받은 것 같습니다. 선물에 보답하는 마음으로 이 책이 여러분께 어떻게 도움이 될 수 있을지, 여러분이 앞으로 어떻게 성장해 나갈 수 있을지에 대해 말씀드리고자 합니다.

제목에서 알 수 있듯이 이 책의 핵심 키워드는 '성장'입니다.

우리는 매일 성장해야 합니다. 왜냐하면 성장하지 않는다는 것은 심장박동이 멈춘 것이나 다름없기 때문입니다. 누구나 행복한 삶을 살아가고 싶어 하지만, 현실적인 어려움에 직면하면 성장을 멈추고 좌절하고 지치고 포기하고 싶은 마음이 들기도 합니다.

그렇다면 내 꿈을 성취하고 사회에 기여하며 행복하게 살아가려면 어떻게 해야 할까요?

먼저 여러분의 비전과 목표를 세워야 합니다. 비전, 그리고 성장과 관련해 알프레드 노벨Alfred Bernhard Nobel의 에피소드가 생각납니다. 어느 날 아침, 알프레드는 신문을 보다가 자신의 부고 기사를 읽게 되었습니다. 동생이 사망한 것인데 신문사에서 기사를 잘못 낸 것입니다. 그런데 그 기사에서 'destructive(파괴적인)'라는 단어로 자신의 삶을 표현한 것을 보고 충격을 받았습니다. 알프레드가 다이너마이트를 발명했기 때문이었지요. 그래서 그는 지인들에게 destructive의 반대말이 무엇이라고 생각하는지 물어보았습니다. 그러자 사람들은 'peace(평화)'라고 답했고, 그는 결심했습니다. 파괴적인 세상이 아닌 평화로운 세상을 만들겠다고요. 그리고 이것이 바로 그의 삶의 비전이 되었습니다. 그는 자신의 비전을 실현하기 위해 열심히 노력했고, 마침내 '노벨 평화상Nobel Prize'의 창시자가 되었습니다. 이는 비전을 세우고 매일 성장해 꿈을 이룬 아주 좋은 사례라고 생각합니다.

여러분은 자신의 삶이 어떻게 표현되기를 원하십니까? 그것이 바로 여러분의 비전입니다. 비전을 세우고 그 꿈을 실현하기 위해서 어떻게 매일 성장해야 하는지, 이 책을 읽고 실천해보길 바랍니다. 그러면 여러분들의 비전은 현실이 될 것입니다.

한국 독자들의 성장 여정에 늘 이 책이 함께 하기를 기원합니다!

더 높은 수준의 리더십을 발휘하고 싶지만 어떻게 해야 할지 잘 모르겠다고 느낀 적이 있는가? 어떻게 하면 영향력을 강화하고 효과성을 높일 수 있을지 고민해본 적이 있는가? 다른 리더들보다 더 높이 도약하는 리더들의 비결이 무엇인지 생각해본 적이 있는가? 우리는 이러한 질문과 더불어 이와 유사한 질문을 수없이 던져왔다. 70년 이상 이어진 리더십 연구의 결과로 영향력, 효과성, 리더십의 효율성을 높이는 길은 개인의 성장에 있다는 것을 깨달았다. 리더십에는 성장보다 더 많은 요소들이 있지만, 성장은 훌륭한 리더를 만들고 유지하는 핵심 요소이며, 리더에게 활력의 샘과 같다.

리더에게 성장은 심해 잠수부에게 산소와 같아서 산소가 없으면 죽게 되는 것과 똑같다. 물론 잠수부와 달리 리더는 육체적으로 죽는 것은 아니지만, 성장을 멈추면 영향력이 약화되고 시간이 지나면 아예 리더가 될 기회조차 잃을 수 있다.

불행히도 이러한 현상은 조직이 크든 작든, 영리 목적의 조직이든, 영리 목적이 아닌 조직이든 리더의 지위에 올랐지만 계속해서 성장하지 못하는 리더를 볼 수 있다. 또는 잠재력을 인정받아 승진은 했지만, 그 잠재력이 결코 발휘되지 않거나 아예 기회조차 얻지 못하는 젊은 차세대 리더들도 있다.

개발되지 않은 그들의 잠재력은 여전히 발휘되지 못한 채 남아 있다. 이 모든 상황의 공통점은 무엇일까? 바로 개인 성장의 부재다. 성장의 실패는 무엇보다도 수많은 리더의 커리어를 망치는 일이다. 성장 능력이 리더로서의 역량을 결정하기 때문이다.

이것은 정말 간단하다. 물론 단순하다고 해서 쉬운 것은 아니다. 인생에서 대부분의 중요한 원칙들이 그렇듯이, 그 위력은 바로 어떻게 적용하는가에 있다. 이 책에서는 바로 그 점을 강조하고 있다.

곧 여러분은 에너지가 넘치지만 다소 소극적인 차세대 리더인 블레이크와 함께 일생일대의 여정을 함께하게 될 것이다. 그의 나이나 경험 부족에 너무 신경 쓰지 말길 바란다. 특히 리더로서 성장해야 하는 도전에 직면했을 때, 블레이크의 모습을 통해 우리 자신을 바라보게 된다.

블레이크의 든든한 멘토인 데비 브루스터는 4가지 핵심 개념을 그와 공유하는데, 그녀가 알려준 개념들은 꾸준히 활용하면 평생 리더가 될 수 있는 것들이다.

평생 리더가 된다는 개념은 매력적이다. 현재 상황이나 여건이 바뀌지 않는 상태에서 리더가 되기를 희망하지 않겠지만, 정체되거나 더 심하게는 상황에 무뎌지기를 원하는 리더 또한 없을 것이다. 회사에서, 비영리 단체에서, 심지어 가정에서 평생 리더십을 잘 발휘하고 싶다면, 계속 성장해야 한다.

이 책에서 소개한 개념들이 여러분의 성장에 대한 열정을 불러일으키고, 성장할 수 있다는 확신을 심어주며, 성장하는 방법을 알려주고, 나아가 평생 성장할 수 있도록 자신감을 실어주기를 바란다.

이제부터 당신의 성장을 즐겨라!

# 차례

한국의 독자들에게 · 켄 블랜차드 __ 006
머리말 __ 010


• 갑작스러운 아버지의 죽음 __ 017
• 앞으로 나아가기 __ 027
• 도움 주는 방법 배우기 __ 039
• 취업 성공 __ 049
• 지식 습득하기 __ 063
• 험난한 시작 __ 077
• 다른 사람에게 다가가기 __ 093
• TFT 구성 __ 107
• 자신의 세계 펼치기 __ 123
• 실행 계획 __ 139
• 지혜를 향해 나아가기 __ 153
• 프레젠테이션 __ 169
• 성장할 여지 __ 179


옮긴이의 말 __ 184
부록 · 성장에 도움이 되는 자료 __ 199

# 갑작스러운
## 아버지의
## 죽음

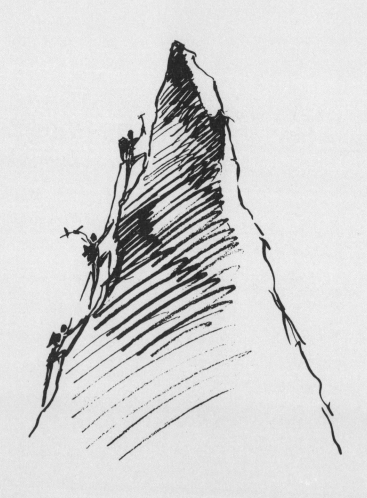

"**넌** 리더가 될 수 있어." 아버지가 블레이크에게 말했다. 이후 블레이크의 머릿속에는 이 말이 수없이 되풀이되었다. 오랫동안 자신이 리더로서 능력이 있을지에 대해 의구심을 품어 온 이유도 있지만, 무엇보다 아버지가 자신에게 마지막으로 남긴 말이었기 때문이다. 이렇게 말한 다음 날, 블레이크의 아버지는 심장마비로 사망했다.

심장마비가 흔히 그렇듯이 예상치 못한 일이었지만, 아버지의 죽음은 더욱 그랬다. 평소 블레이크의 아버지는 매우 건강했다. 몸에 좋은 음식을 먹었고 충분한 휴식을 취했으며, 적어도 일주일에 서너 번은 운동했다. 아버지와 블레이크는 일생일대의 스키 여행에서 막 돌아온 후였다. 그 누구도, 특히 블레이크는 예기치 못한 아버지의 죽음에 대비하지 못했다.

아버지의 장례식이 끝난 지 한 달이 지나고, 블레이크는 대학 도서관에 앉아 아버지의 죽음과 자신이 리더가 될 역량이 있는지에 대해 고민했다. 아버지는 외동아들에 대한 사랑에 눈이 멀어서 블레이크에 대해 제대로 된 판단이 어려웠던 것일까? 아니면 아버지가 무한 낙천주의자였던 것일까? 그것도 아니면 가장 두려운 가능성이지만 어쩌면 사실일지도 모르는, 아버지의 말대로 블레이크는 정말 리더가 될 기질이 있는 걸까? 블레이크는 아버지에게 묻고 싶은 질문이 너무 많았다. 하지만 이제는 할 수 없었다.

"넌 리더가 될 수 있어." 블레이크에게 이 말을 건네고 있는 아버지의 목소리가 여전히 들리는 것 같았다. "아버지, 전 절대 리더가 될 수 없어요." 블레이크는 혼란스러웠다. "제가 정말 될 수 있을까요?"

하지만 블레이크는 아버지의 말이 앞으로 어떻게 자신에게 영향을 주게 될지 궁금해졌다. 축복이 될까, 아니면 저주가 될까? 아버지의 말은 매우 무거운 짐처럼 느껴졌다.

아버지 제프는 훌륭한 리더였다. 그는 존경과 사랑을 받는, 매우 성공적인 리더였다. 또한, 수준 높은 진정성과 능력으로 조직에 공헌했다. 여러 비영리 단체에서 다양한 직책으로도 활동했고, 가족에게 헌신적이었고 잘 돌보았다. 이러한 아버지의 훌륭한 정신적 유산은 블레이크에게 많은 부담을 주었다. 리더가 될 수는 있어도 아버지만큼은 결코 잘 이끌 수 없다고 확신했다.

이제 블레이크는 앞으로 무엇을 해야 할지 몰랐다. 대학 졸업을 앞두고 있었고, 직장을 구해야 했다. 혼란스럽고 두려운데, 곁에 조언해줄 아버지가 없었다. 사실 아버지가 살아 계실 때는 그의 조언을 과소평가했었다. 하지만 이제야 아버지의 조언이 얼마나 소중한 것이었는지 깨달았다.

아버지의 장례식에는 수백 명의 사람들이 모였다. 장례식이 끝나고 블레이크는 아버지의 친구와 동료들을 많이 만났다. 그 중 아버지가 몇 년 동안 멘토링을 해주었던 한 중년 여성을 만났다. 그녀의 이름은 데비 브루스터였고, 자신을 소개하면서 아버지 생각에 눈물을 훔치고 있었다.

"아버님이 내 인생에 큰 변화를 가져다주셨어요. 내가 도와드릴 일이 있으면 말씀해주세요. 내가 할 수 있는 방법이 있다면, 기꺼이 도울게요." 그녀가 말했다.

이후 블레이크는 앞으로 어떻게 해야 할지 몰라 그녀에게 전화를 걸었다. 그녀는 바로 블레이크를 기억해냈다. 그러고는 다음 날 커피를 마시자고 제안하며 진심으로 기뻐했다.

★ ★ ★

"내가 일찍 온 줄 알았는데요." 데비는 카페 한구석에 이미 자리를 잡고 앉아 있던 블레이크에게 다가가 미소를 지으며 말했다. 그는 자리에서 일어나 데비에게 인사를 건넸다. "데비 씨를 기다리게 하고 싶지 않았어요. 아버지는 항상 사람들의 시간을 존중하는 것이 그들을 존중하는 것이라고 말씀하셨어요."

그러자 그녀는 자리에 앉으면서 말했다. "아버님은 내게도 똑같이 가르쳐주셨죠. 그냥 편하게 데비라고 불러요." 그녀는 아버지를 그리워하는 듯 슬픈 미소를 지었다. 그리고 말을 이었다.

"아버님을 처음 만났을 때가 생각나네요. 내가 아버님께 브라운 씨라고 부르자, 나를 말리시며 '그냥 제프라고 불러줘요'라고 말씀하셨죠."

"이렇게 시간을 내주셔서 정말 감사합니다, 데비 씨." 블레이크가 조심스럽게 말했다.

"무얼 도와줄까요?" 그녀가 물었다. 그러자 블레이크는 '잘 모르겠다'고 고백했다.

"좋아요. 그러면 거기서부터 시작하죠. 우린 서로를 잘 몰라요." 그녀가 미소를 지으며 대화를 시작했다. "하지만 사실 난 당신을 꽤 잘 아는 것 같아요."

"정말이에요? 어떻게 저를 아세요?" 블레이크는 깜짝 놀라서 물었다. 블레이크는 무슨 말인지 도통 이해가 되지 않았다.

"나는 아버님과 10년 넘게 함께 일했어요. 아버님은 진심으로 아드님을 사랑하셨죠."

"저도 알아요."

"그리고 아버님은 당신을 너무 사랑했기 때문에 항상 당신에 대해 이야기하셨어요."

"아버지가 그러셨어요?" 블레이크가 물었다.

"네. 당신의 첫 데이트, 열여섯 번째 생일 파티, 홈커밍 게임에서 승리한 터치다운, 대학 진학에 대해 들었고, 심지어 몇 년 전 당신이 교통사고를 당했을 때는 함께 쾌유를 위해 기도했었죠."

"와!" 블레이크는 너무 놀랐다. "아버지가 왜 그런 일들을 모두 데비 씨와 공유했을까요?"

"나하고만 그런 게 아니었어요." 데비가 말했다.

"제가 모르는 분 중에서도 제 인생사를 알고 있는 사람들이 더 있다고요?" 블레이크가 물었다. 그는 자신이 우쭐해진 것인지, 약간 짜증이 난 것인지 알 수 없었다.

"네, 아버님이 회사에서 당신에 대해 공유했던 사람들이 몇 명 더 있어요. 이것이 바로 그가 훌륭한 리더였던 이유 중 하나지요."

"혼란스럽네요. 리더라고 하면 뭔가 리더십과 관련된 것이라고 생각했는데요."

"리더십이라고요? 그건 전문용어인 것 같네요." 데비가 웃음을 지었다. 그리고 이어서 말했다. "아버님은 높은 성과를 내는 팀을 만들고 싶어 하셨어요. 그는 최고의 팀은 항상 삶을 함께한다는 것을 알고 있었죠. 그래서 우리는 늘 가족에 대해, 그리고 업무 말고도 삶의 다른 중요한 일들에 대해서도 공유했어요."

"전혀 몰랐어요." 블레이크는 솔직히 인정했다. "제가 몇 가지 메모를 해도 될까요?"

"물론이죠." 데비가 말했다.

'최고의 팀은 항상 삶을 함께 한다'라고 적고 나서, 블레이크가 물었다. "제 인생사를 잘 아시는데, 데비 씨의 인생사도 제게 좀 공유해주실 수 있을까요?"

"기꺼이요. 일단 아버님의 멘토링이 없었다면, 내 경력이 어떻게 되었을지 모르겠어요. 하지만 더 중요한 것은 내가 어떤 사람이 되었을지 모른다는 것이죠. 그만큼 아버님은 내 인생에 엄청난 영향을 미쳤어요."

"어떻게요?" 블레이크가 물었다.

"우선, 내가 알고 있는 리더십은 모두 아버님이 가르쳐주신 거예요. 처음에 나는 내가 좋은 리더라고 생각했지만 사실 매우 부족한 리더였고, 지나친 자신감으로 인해 내 경력이 거의 망가질 뻔했습니다. 그러던 중 아버님을 만났어요. 당시 아버님은 우리 회사의 사장님이셨어요. 내가 맡고 있는 팀은 회사전체에서 성과가 꼴찌였고, 나는 그 안에서 고군분투하는 일선 관리자였죠. 하지만 아버님이 진정한 리더십이 무엇인지 가르쳐주신 후 내 팀은 최하위에서 1위로 올라섰어요. 그 후 계속해서 아버님은 내게 멘토링을 해주셨어요. 나는 리더십 개발 책임자가 되었고 결국 운영 책임자가 되었죠. 아버님이 내 인생에 끼친 긍정적인 영향은 정말로 컸습니다." 데비가 말했다.

"지난 몇 주 동안 많은 사람들로부터 그런 이야기를 들었습니다. 아버지는 돌아가셨지만 지금도 여전히 제 삶에 영향을 미치고 계시네요." 블레이크가 말했다.

"어떻게요?" 데비가 물었다.

"아버지가 가르쳐준 것들을 적고 있으니까요." 블레이크는 데비를 올려다보며 덧붙였다. "정말 대단하신 것 같아요."

"그러면 내가 이제 어떻게 도와줄까요?"

"잘 모르겠어요. 아버지가 제게 마지막으로 '넌 리더가 될 수 있어'라고 말씀하셨어요. 그 말을 어떻게 받아들여야 할지 모르겠어요. 첫째, 제가 정말 리더가 될 수 있을지 확신이 서지 않아요. 둘째, 지금 저는 취업 생각뿐입니다."

"졸업은 언제 하죠?"

"석 달 후에 합니다." 블레이크가 대답했다.

"회사 면접은 좀 봤나요?"

"네."

"연락은 받았나요?"

"몇 군데요."

"어떻게 생각하고 있나요?"

"잘 모르겠어요."

"당신이 왜 혼란스러운지 잘 알 것 같네요. 다음번에 만나서 더 자세한 이야기를 나누면 어떨까요?" 데비가 말했다.

"그럼 좋죠." 블레이크는 안도감을 느꼈다. 데비에게 전화한 것이 잘한 일인지 확신이 서지 않았는데, 데비가 그에게 얼마나 훌륭한 조력자가 될지 짐작할 수 있었기 때문이다.

"준비해 올 게 몇 개 있어요. 먼저, 당신의 과거에 대해 더 많이 알고 싶어요." 데비가 말했다.

"제 열여섯 번째 생일 파티보다 더 많이 알고 싶으세요?" 블레이크가 웃으며 말했다.

"네. 당신의 강점과 관심사, 지금까지 살아오면서 성취감을 느꼈던 일에 대해 이야기해봅시다." 데비가 이어서 말했다.

블레이크는 노트에 메모하며 물었다. "다른 더 필요한 건 없을까요?"

"두 가지가 더 있습니다. 자신이 잘 못하는 것, 그리고 첫 직장에서 무엇을 하고 싶은지, 즉 흥미와 열정을 불러일으킬 수 있는 일이 무엇인지에 관해 그날 이야기해봅시다."

"그 모든 질문에 대해 제대로 답을 할 수 있을지 모르겠습니다." 블레이크는 자신이 메모해 둔 질문 목록을 살펴보면서 말했다.

"최선을 다해 고민해보세요. 최선을 다하는 것이 시작점이 될 겁니다."

# 앞으로
## 나 아 가 기

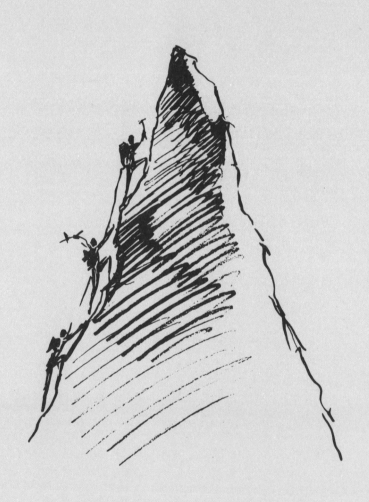

3주 후 블레이크는 마지막 학기 시험이 끝났고, 데비는 한가로운 오후 시간을 보내고 있었다. 지난번에 만났던 카페에서 두 사람은 다시 만나기로 했다. 둘 다 이번에도 약속 시간보다 일찍 도착했다.

"안녕하세요! 어떻게 지냈어요?" 데비가 물었다.

"잘 지내고 있어요." 블레이크가 대답했다. 하지만 사실 그는 여전히 아버지의 죽음을 슬퍼하고 있었다.

"사랑하는 사람을 잃는 것에 익숙해지는 데는 시간이 걸리죠." 데비가 부드러운 목소리로 말했다. "첫 만남 끝 무렵에 우리가 논의했던 것들을 좀 생각해봤나요?"

"네. 그런데 제가 우려했던 대로 모든 질문에 대해 제대로 답을 할 수 있을지 모르겠어요."

"괜찮아요. 나도 내 질문에 대한 답을 다 아는 경우는 거의 없으니까요. 그렇다고 해서 질문의 힘이 약해지지는 않아요. 답을 찾는 과정이 그 답 자체만큼이나 가치 있는 경우가 많으니까요. 지금까지 무엇을 생각해냈는지 이야기해봅시다." 데비가 웃으며 말했다.

두 사람은 블레이크의 강점과 열정에 대해 논의하기 시작했다. 블레이크는 매우 재능이 있었기 때문에 흥미로운 대화가 이어졌다.

"아버님이 당신의 삶에 어떠한 영향을 주었는지 쉽게 알 수 있어요. 단 20분 만에 당신에 대해 다음과 같은 사실을 파악했지요. 당신은 사람들을 만나는 것을 편안하게 생각합니다. 고등학교 시절에는 캠프 상담사로 활동할 정도로 아이들과 함께 일하는 것을 좋아했어요. 당신은 학교에서 모범생이었고, 우수한 학업성적으로 명문 대학에 진학할 수 있었죠. 경영학을 전공하고 마케팅을 부전공했어요. 그리고 운동을 좋아해서 어렸을 때부터 여러 가지 스포츠를 즐겼고, 지금도 여전히 스키광이죠."

"그런 게 다 무슨 의미죠?" 블레이크가 물었다.

"내가 직업상담사는 아니지만, 내가 보기엔 당신은 다양한 일을 할 수 있을 것 같아요." 그녀가 말문을 열었다.

"제가 두려웠던 게 바로 그거였어요. 나쁜 선택을 하면 어쩌죠?"

"아마도 그런 점이 두려울 거예요."

"뭐라고요?" 데비의 말은 블레이크의 주의를 끌 정도로 충분히 충격적이었다.

"당연하죠. 우리 모두는 실수를 하니까요. 하지만 그 실수로부터 배우기 위해 최선을 다합니다. 그것이 리더가 매우 잘하는 일 중 하나예요."

두 사람의 대화에서 리더의 '리' 자가 구체적으로 사용된 것은 이때가 처음이었다.

"데비 씨, 당신이 리더십에 대해 언급하니 정말 겁이 나네요."

"무슨 뜻이죠?"

"아버지가 돌아가시기 직전에 아버지와 함께 제 경력과 미래에 대해 이야기를 나눴는데, 사실 그게 마지막 대화였어요."

"그래서 그때 아버님이 뭐라고 하시던가요?"

"제가 리더가 될 수 있다고 하셨어요."

"그러고요?" 데비가 물었다.

"저는 그렇게 생각하지 않는다고 했어요."

"왜 그렇지 않다고 생각하죠?"

"여러 가지 이유로 봐서, 저는 좋은 리더가 되기는 어려울 것 같아요. 저는 겨우 스물두 살이고, 어떻게 사람들을 이끌어야 할지 모르겠어요. 리더가 된다는 것이 정말 어떤 의미인지도 잘 모르겠고요…." 블레이크가 잠시 멈칫했다.

"블레이크, 당신은 리더십에 대해 편협한 생각을 가지고 있는 것 같아요. 하지만 당신만 그런 건 아니에요. 항상 사람들에게 자신이 리더인지 물어보곤 하는데, 그렇다고 대답하는 사람은 거의 없었어요. 그래서 나는 보통 그 질문에 이어서 '당신의 삶에서 가장 영향을 준 사람이 누구인지 말씀해주실래요?'라고 물어봐요. 그런데 직장에서 만난 팀장이나 상사를 언급하는 사람은 거의 없어요. 당신과 마찬가지로 그들은 아버지, 어머니, 조부모, 친구 또는 선생님에 대해 이야기합니다. 우리 모두는 삶에서 어떤 영역에서든 주도적인 역할을 할 기회가 있어요."

"저도요? 제가 어떻게 리더가 될 수 있나요?" 블레이크가 물었다.

"당신이 다른 사람의 생각, 신념 또는 성장에 영향을 미치고 있을 때마다 당신은 리더십을 발휘하고 있는 겁니다."

"그럼 리더가 되기 위해 특별한 직함이 필요하지 않다는 건가요?"

"맞아요. 동굴에서 나 홀로 지내지 않는 한, 오랫동안 친구나 동기들에게 영향을 미쳤을 거예요."

"무슨 말씀인지 알겠어요. 하지만 아버지는 정말 훌륭한 리더였어요." 블레이크가 말했다. 그는 침을 힘겹게 삼켰다. "아버지는 저를 가르치겠다고 하셨는데 이제는 돌아가시고 안 계시네요." 그의 눈가가 촉촉해졌다.

"정말 유감이에요, 블레이크. 만남 일정을 다시 잡을까요?" 데비가 나긋하게 말했다.

"아뇨, 괜찮아요. 조금만 더 시간을 내주세요."

"잠시 쉬었다가 15분 후에 다시 이야기합시다. 어차피 커피한 잔 더 마셔야 하거든요."

"고맙습니다."

블레이크는 카페 밖으로 나가 하늘을 쳐다보았다. 정말 아름다운 날이었다. 하늘은 그가 본 하늘 중 가장 푸르렀고, 구름은 그가 기억하고 있는 그 어떤 구름보다도 더 하얗게 보였다. 산들바람이 얼굴을 스치자, 마음이 진정되었다. 그는 눈물을 닦았다. 마치 모든 것이 정말 괜찮을 거라는 생각이 들었다. 그 순간 그는 자신이 리더가 될 수 있다는 확신은 아직 없었지만, 시도해볼 수는 있다는 믿음이 생겼다. 그가 다시 카페 안으로 들어왔을 때, 데비는 노트를 보고 있었다.

> 다른 사람의 사고, 신념 성장에 영향을 미칠 때마다
> 당신은 리더십을 발휘하고 있는 것이다.

"오늘 이 대화를 계속해도 괜찮겠어요?" 데비가 고개를 들더니 블레이크에게 물었다.

"네, 괜찮아요. 하지만 지난 몇 주 동안 정말 힘들었어요."

"나도 그 기분 알아요. 우리 어머니도 내가 당신 나이쯤 되었을 때 돌아가셨어요." 데비가 말했다.

"그런 얘기는 안 하셨잖아요?" 블레이크가 놀라서 물었다.

데비는 고개를 끄덕였다. "수년 전의 일이지만 내 삶의 일부 중 여전히 고통스러운 기억이에요. 하지만 지금은 더 강해졌어요. 그래서 당신이 느끼는 감정을 어느 정도 이해해요. 그러니 내가 할 수 있다면 도움을 드리고 싶어요. 나도 어머니의 죽음으로 인해 몇 가지 실수를 저질렀어요. 그래서 당신이 나와 같은 실수를 하지 않도록 도와드릴 수 있을 것 같아요."

"어떤 실수인가요?" 블레이크가 진지하게 물었다.

"그건 나중에 이야기할게요. 지금 당장 우리의 첫 번째 과제는 당신이 일자리를 찾도록 돕는 것이에요."

"알겠습니다. 어떻게 생각하시나요?" 블레이크는 펜을 들고 있었다.

"몇 가지 고려해야 할 사항이 있어요. 먼저 어떤 회사에서 일할 것인지가 중요하다고 생각해요. 우리가 살고 있는 세상에 비추어 볼 때, 당신이 평생 그곳에서 일할 거라고 생각하지는 않지만, 출발이 좋아야 할 것 같아요."

"좋은 출발이란 어떤 모습일까요?" 블레이크가 물었다.

"나는 당신의 핵심 가치를 함께 공유하는 회사를 생각하고 있어요. 내 경험상 개인의 핵심 가치가 회사의 가치와 맞지 않으면, 단기적으로나 장기적으로 좋은 상황은 거의 없어요. 또한, 직원들에게 투자하는 것으로 평판이 좋은 회사도 생각하고 있지요. 요즘에는 이런 회사를 찾기가 더 어려워졌지만 여전히 있어요. 마지막으로, 계속 근무하고 싶을 경우를 대비해 장기적인 미래를 제공할 수 있는 회사를 원할 거라고 생각해요."

"그건 어느 회사나 마찬가지 아닐까요? 내가 계속 남아서 경력을 쌓고 싶다면, 어느 회사에서 일하든 그럴 수 있지 않을까요?"

"그렇지 않아요. 일부 회사는 이직률이 높은 문화적 환경을 가지고 있어요. 그런 곳에서 경력을 시작하고 싶지는 않을 거예요."

"리더십 개발에 대해서는 언급하지 않으시네요." 블레이크가 덧붙였다.

"맞아요. 두 가지 이유로 언급하지 않았어요. 첫째, 조직 리더가 되고 싶다는 말을 못 들었거든요. 아버지가 당신이 리더가 될 수 있다고 믿으셨다는 말은 들었어요. 하지만 큰 차이가 있죠. 리더가 되고 싶지 않다면, 리더 직책을 추구해서는 안 됩니다. 개별적인 기여자가 되어야 해요. 이것이 내가 앞서 언급한 교훈 중 하나예요. 내가 당신 나이였을 때 부모님은 내가 교사가 되기를 바라셨어요. 두 분 다 교사였거든요. 교사는 분명 고귀한 직업이죠. 하지만 나는 아니었죠. 그렇지만 어머니가 돌아가신 후 어머니를 기리기 위해 교사가 되어야겠다고 결심했어요. 안타깝게도 나의 잘못된 직업 선택으로 고통받는 어린 아이들이 몇 명 있었습니다. 다행히 교단에 선 지 1년 만에 정신을 차렸어요. 이렇듯 다른 사람의 꿈이 아니라 자신의 꿈을 추구해야 해요. 아버님을 기리는 방법은 무수히 많아요. 하지만 잘못된 직업 선택은 그를 기리는 방법이 아니에요. 마음속으로 사람들을 돕고 싶다고 솔직하게 말할 수 없다면, 리더십 직책을 추구해서는 안 됩니다."

"잠깐만요! 리더십의 동기를 '사람들을 돕는다'라는 관점으로 보고 계시는군요."

"사실 그것이 아버님이 나와 10년 동안 함께 일하면서 내게 가르쳐주신 가장 중요한 교훈입니다. '위대한 리더는 사람들을 돕는다SERVE'는 것이죠. 아버님이 하신 이 말이 무엇을 의미하는지, 그리고 그것이 일상에서 어떤 모습인지 내가 완전히 이해하도록 도와주시는 데 오랜 시간이 걸렸기 때문에, 나처럼

이 말을 처음 들었을 때 이해가 잘되지 않았으리라 생각합니다. 그러니 잊지 마세요. 남을 돕고 싶지 않다면, 훌륭한 리더가 될 수 없어요. 현대 서번트 리더십 Servant Leadership (섬김의 리더십-옮긴이주) 운동의 창시자인 로버트 그린리프는 '먼저 돕는 사람이 되어야 하고, 그다음에 리더가 되어야 한다'라는 명언을 남기기도 했죠."

"리더십 개발에 대해 언급하지 않은 이유가 두 가지라고 하셨죠. 그러면 두 번째 이유는 뭔가요?" 블레이크가 메모를 하면서 물었다.

"리더십 개발에 투자하는 회사가 있는 것은 정말 좋은 일이지만, 그것만으로 당신의 성공이 결정되지는 않습니다. 당신이 원하는 모든 조건을 충족하고 리더십 개발에 투자하는 회사를 찾을 수 있다면 그것은 보너스가 될 수 있지만, 리더로서 당신의 성공에 꼭 필요한 것은 아니에요."

"그렇다면 꼭 필요한 건 뭔가요?"

"기꺼이 성장 GROW 하려는 의지가 있어야 합니다."

"그뿐인가요?" 블레이크는 데비를 믿지 못하겠다는 표정을 지었다.

"네, 그게 다예요. 하지만 리더로서 성장을 가속화하고 유지하기 위해서 할 수 있는 몇 가지 구체적인 일들이 있지요."

"그 '구체적인 일들'이란 무엇인가요?" 블레이크는 받아 적기 위해 다시 펜을 들었다.

"앞으로 몇 달 동안 함께 살펴보도록 하죠. 지금은 먼저 일자리를 구하는 데 집중합시다." 그녀는 미소를 지었다.

두 사람은 블레이크에게 적합한 회사들에 대해 논의했다. 데비는 블레이크에게 도움을 줄 수 있는 지인들의 명단을 알려주었다. 블레이크는 한 번도 연락한 적이 없는 몇몇 회사와 사람들의 이름을 챙겨 자리에서 일어났다.

블레이크가 해야 할 일은 회사와 직접 연락을 취하고, 면접을 본 후 다음 만남에서 진행 상황을 공유할 준비는 하는 것이었다.

"시간 내주셔서 감사합니다!" 블레이크는 마침내 자신이 성장하고 있다는 느낌이 들었다.

# 도움 주는 방법
## 배우기

**블**레이크는 여러 회사를 접촉했고, 이전에는 고려하지 않았던 세 곳의 회사와 면접 일정을 잡을 수 있었다. 그는 면접이 잘 진행되었다고 생각했다. 그중 한 곳은 면접 자리에서 블레이크에게 바로 일자리를 제안했다. 두 번째 회사에서는 블레이크에게 관심을 가져주셔서 감사하다는 편지와 함께 그 자리에 더 적합한 다른 지원자가 채용되었음을 알려주는 소식을 전했다. 세 번째 회사는 면접을 한 번 더 요청했다.

세 곳 중 두 곳에서 좋은 결과를 얻은 것만으로도 나쁘지 않았다. 좋은 대학을 나온 데다 평균 이상의 학점과 사회성을 갖춘 그는 대부분의 회사에서 환영할 만한 청년이었다. 그는 기뻤다.

그는 첫 번째 회사에다, 입사를 결정하기까지 시간을 좀 더 달라고 요청했다. 세 번째 회사의 두 번째 면접은 세 번째 면접 요청으로 이어졌다. 그는 이 상황을 어떻게 받아들여야 할지 확신할 수 없었다. 그들이 우유부단한 걸까, 아니면 신중한 걸까? 블레이크의 입사에 대해 확신이 없었던 걸까? 아니면 다른 세부적인 우려 사항을 확인하는 것일까? 그는 데비와 카페에서 이런 대화를 나누면 좋겠다고 생각했다.

"구직 활동은 어떻게 되어 가고 있나요?" 데비가 미소를 지으며 물었다.

"잘 되고 있어요!" 블레이크는 흥분을 감추지 못했다.

"자세히 말해줘요."

"한 회사에서 정식으로 채용 제안을 받았고, 다른 회사에서는 세 번째 면접을 다시 요청했어요."

"축하해요!" 데비가 말했다. "당신은 해낼 줄 알았어요."

"이제 결정을 내려야 해요." 블레이크가 말했다.

"어떻게 할 생각이에요?"

"한 회사에서 저를 영업직을 제안했어요."

"뭘 파는데요?"

"일종의 하드웨어요. 몇 가지 질문을 했더니 제게 필요한 건 모두 가르쳐주겠다고 하더군요. 그리고 다른 하나는…." 블레이크가 이어서 말했다.

"세 번째 면접을 요청했던 그 회사요?"

"네. 제가 맡을 만한 직책이 몇 개 있다고 하더군요. 하지만 여러 번 면접을 보는 게 좀 겁이 나요."

"왜죠?"

"그들이 좀 우유부단한 것 같아서요. 좀 더 신속하게 결정을 내릴 수도 있었을 텐데 말이죠."

"그게 이유인가요?"

"무슨 뜻이죠?" 블레이크가 물었다.

"회사의 빠른 결정이 선택의 이유냐고요?"

"잘 모르겠어요. 그냥 시간이 돈이라고 생각했어요." 블레이크가 어깨를 으쓱하며 말했다.

"맞아요. 시간이 곧 돈이고, 잘못된 인사 결정은 시간과 돈을 모두 낭비하는 거예요. 우리 회사에서는 인사 채용을 리더가 내리는 가장 중요한 결정으로 간주하죠. 나는 이 일을 제대로 하기 위해 부지런히 노력하는 회사를 존경해요." 데비는 잠시 말을 멈추더니 커피를 한 모금 마셨다. "이제 다음 차례는 뭐죠?" 그녀가 계속 대화를 이어갔다.

"세 번째 면접을 본 후 입사 제안이 오면 그때 결정을 내릴 거예요."

"좋은 계획인 것 같아요. 오늘 남은 시간 동안 어떤 이야기를 할까요?" 데비가 말했다.

"지난 만남에서 두 가지를 이야기했는데, 다시 한번 생각해 보고 싶어요. 첫째, 리더에게 동기를 부여하는 요소에 대해 말씀하셨죠. 둘째, 훌륭한 리더가 되기 위한 열쇠는 성장하는 것이라고 말씀하셨어요. 이 두 가지 내용에 대해 더 이야기할 수 있을까요?"

"리더십에 대해 이야기해봅시다. 리더로서 성장하는 방법에 대해 이야기하고 싶다고 말하는 걸 보니 정말 그렇게 하고 싶은 것 같네요. 하지만 한 가지 확실히 하고 싶어요. 우리가 처음 만났을 때, 당신은 아버님이 원했기 때문에 리더가 되어야 한다는 부담감을 느끼고 있었어요."

"알아요. 하지만 많은 생각을 해봤어요. 제가 공식적인 리더의 자리까지 오를 수 있을지의 여부는 제가 결정할 수 없어요. 하지만 리더가 될 준비는 제가 선택할 수 있습니다. 저는 제 개인 삶에서 리더로서 성장하는 것은 물론이고, 곧 들어갈 조직 내에서 리더십을 기꺼이 활용하고자 합니다." 블레이크가 말했다.

"그게 가장 최선의 태도예요." 데비가 단언했다. "아버지의 낙천주의를 닮은 것 같네요. 리더로서의 역량을 키우면 리더가 될 기회는 저절로 따라옵니다. 이 주제는 오늘 다루기에 더 많은 내용들이 포함되어 있지만 대화를 먼저 시작해볼 수는 있지요. 무엇보다 리더의 동기가 중요합니다. 아버님이 내게 물어보곤 하셨던 질문이고, 이제 나도 다른 사람들에게 같은 질문을 하죠. '당신은 남을 돕는 리더인가, 아니면 자기 자신을 위한 리더인가?' 이렇게 말이죠."

"지난번 만남에서 남을 돕는 것이 먼저고, 리더가 되는 건 그 다음이라고 말씀하셨던 것이 그런 의미가 아니었나요?"

"맞아요. 최고의 리더는 타인 중심적입니다. 이러한 리더는 다른 사람과 조직의 성공을 위해 끊임없이 노력하죠. 실제로 그렇게 하면 자신도 승리하는 겁니다. 하지만 최고의 리더는 자신의 행동에 대한 대가를 얻는 것으로 동기를 부여받지 않아요."

"일종의 이타주의처럼 들리는데요."

"그래요. 그렇게 표현할 수 있겠네요. 아버님은 위대한 리더는 자신을 경시하는 것이 아니라 자신을 덜 생각하는 것일 뿐이라고 말씀하시곤 했죠."

"이해하기 어렵네요." 블레이크가 말했다.

> 위대한 리더는 자신을 경시하지 않는다.
> 단지 자신을 덜 생각할 뿐이다.

"네, 그럴 거예요. 우리는 모두 이기적인 성향을 가지고 있어요. 사실 매일 아침 일어날 때마다 우리는 남을 도울 것인지, 반대로 대접을 받을 것인지 선택할 수 있죠. 그런데 직원과 조직보다 자신의 이익을 우선시하는 것은 최고의 리더들이 항상 피하려고 노력하는 위험한 행동이에요."

"아버지를 포함해 그 누구에게서도 이런 이야기를 들어본 적 없어요." 블레이크가 말했다.

"대다수 리더들은 이런 말을 하지 않았지만, 아버님은 최고의 리더는 남을 돕는 봉사자임을 끊임없이 각인시켜주셨어요. 아버님은 서번트 리더십의 본보기였죠."

"글쎄요. '서번트 리더십'이라는 말은 모든 사람을 기쁘게 하려고 노력하는 사람이 떠오르네요. 그런데 왠지 리더답지 않은 것 같아요." 블레이크가 생각에 잠긴 표정으로 말했다.

"수감자들에게 교도소 운영을 맡기는 교도소장 같은 사람 말인가요?" 데비가 웃으며 물었다.

"맞아요." 블레이크가 대답했다.

"대부분의 사람들은 서번트 리더십에 대해 그런 식의 연약한 리더십이라는 이미지를 가지고 있어요. 리더십에는 실제로 두 가지 측면이 존재해요. 첫 번째 측면은 '비전', 즉 '방향성'입니다. 직원들이 자신이 어디로 가고 있는지 모른다면 그곳에 도달할 가능성은 거의 없지요. 리더가 답해야 할 질문은 '우리가 어디로 가기를 원하며, 무엇을 성취하고자 하는가'입니다. 가고자 하는 방향이 결정되면 리더십의 두 번째 측면인 '실행' 단계가 시작되죠. 이제 질문은 '우리가 어떻게 거기에 도달할 것인가'입니다. 가고자 하는 곳에 도달하려면, 직원들이 그 과정에서 필요한 기술과 역량을 갖출 수 있도록 도움을 주어야 해요."

"흥미롭네요. 리더십에 두 가지 측면이 있는지 미처 생각하지 못했어요." 블레이크가 말했다.

"리더는 비전과 방향을 설정하는 것도 중요하지만, 팀이나 조직이 그 비전을 달성하는 데 있어서 무엇보다 직원들이 목표를 달성할 수 있도록 최선을 다해 그들을 도와야 해요."

"그런 리더가 있는 조직은 거의 없는 것 같아요. 오히려 부패해서 직원들을 실망시키는 리더에 대한 이야기를 더 자주 들어요. 왜 그럴까요?" 블레이크가 물었다.

데비는 생각에 잠긴 채 커피를 저었다. "굳이 추측하자면, 리더가 실패하는 두 가지 주된 이유는 에고와 두려움 때문이라고 생각해요. 많은 리더의 에고는 과신 또는 자만심이라고 부를 수 있는 자신감의 고조에서 비롯되죠. 이러한 자신감은 통제력 상실에 대한 두려움과 결합해 오히려 리더가 직원들을 돕는 걸

방해가 되는 경우가 많아요. 세 번째와 네 번째 이유가 있다면, 서번트 리더십을 가르치지 않고 사람들이 긍정적인 역할 모델을 자주 접하지 못했기 때문일 겁니다."

"아버지를 서번트 리더라고 생각한다고 하셨죠?" 블레이크가 말했다.

"맞아요. 내가 아는 한 최고였어요." 데비가 동의했다. "그리고 아버님은 리더십은 근본적으로 선택이라고 가르쳐주셨죠. 내가 앞서 설명한 행동들을 할 것인지 말 것인지를 선택할 수 있어요. 그리고 선택한 후에는 궁극적으로 리더로서 얼마나 좋은 사람이 될지 스스로 결정해야 해요."

"바로 성장이 그 역할을 하는 거죠?" 블레이크가 물었다.

"그래요. 그 얘기는 취업을 하고 나서 하죠. 다음 면접에 대해 전화로 알려줘요." 데비가 미소를 지으며 말했다.

**취 업**

**성 공**

세 번째 면접 날이 되었다. 블레이크는 이전 면접 때보다 조금 더 편안해졌다. 그 이유는 다른 일자리 제안이 있었기 때문이기도 하고, 데비가 세 번의 면접을 진행하는 조직에 대한 우려를 어느 정도 해소해주었기 때문이기도 했다. 블레이크는 앞으로 무슨 일이 일어날지 전혀 예상하지 못한 채, 면접을 위해 회사 건물에 도착했다.

다이내스타 건물 로비에서 그를 맞이한 사람은 인사팀 직원인 안나였다. 그녀는 면접을 위해 시간을 투자해준 그에게 다시 한번 감사의 인사를 전했다. 안나는 블레이크에게 일정을 물었고, 그는 그날 다른 약속이 없다고 말했다.

"좋아요. 오늘 면접을 모두 끝냈으면 하거든요." 안나가 말했다.

"잘됐네요. 오늘은 어떤 분을 만나게 되나요?" 블레이크가 물었다.

"여러 사람을 만나게 될 겁니다." 안나가 그에게 일정을 알려주었다. 네 명을 각각 만나고, 한 팀과 점심식사를 한 뒤, 지난번에 본 적 있는 한 명과 다시 만나는 일정이었다.

"질문 더 있나요?" 안나가 물었다.

"없습니다."

첫 번째 미팅은 마케팅팀의 한 여직원과의 만남이었다. 그녀는 먼저 자신을 소개한 다음, 블레이크를 염두해 두고 있는 직무에 대해 이야기했다. 그녀는 블레이크에게 생각을 요구하는 몇 가지 질문을 던졌다. 그러고는 그녀는 블레이크에게 질문이 있는지 물었다. 다행히도 그는 회사의 핵심 가치와 경력 개발과 관련한 회사의 철학을 포함해 짧은 질문 목록을 미리 준비해 왔다. 그는 그녀의 답변에 만족했다.

다음 차례는 운영팀 직원이었다. 담당자가 10여 개의 질문을 하고 나서 블레이크에게 질문이 있는지 물었다. 여러 사람을 만날 거라고는 예상하지 못했기 때문에, 블레이크는 앞에서 했던 것과 같은 질문을 하기로 했다. 블레이크는 거의 동일한 답변을 받아 만족스러웠다.

이 과정은 다음 두 사람과도 반복되었고, 마침내 그는 여섯 명으로 이루어진 한 팀과 점심을 먹게 되었다. 이 팀은 한 지역을 담당하는 여러 부서로 구성된 팀이었다. 이들은 각자 약 3분 동안 자신의 이야기를 한 후 블레이크에게도 마찬가지로 이야기해달라고 요청했다. 마지막으로 한 명이 블레이크에게 팀에게 질문할 것이 있는지 물었다. 이때 블레이크는 앞에서 했던 질문이 아닌 다른 질문을 했다.

"여기서 일하는 것이 왜 좋은가요?" 블레이크가 물었다.

그는 여섯 가지 각기 다른 대답을 들었다. 모두 진심이 담긴 대답이었다. 점심시간이 끝나갈 무렵 참석자 중 한 명이 블레이크에게 질문했다. "하나만 물어볼 게 있어요. 왜 우리 회사에서 일하고 싶나요?"

"오늘 아침 면접을 하러 건물로 들어왔을 때만 해도 확신이 없었습니다. 하지만 여러분과 함께 하루를 보내고 나니, 이곳이 정당한 이유로 올바른 일을 하는 데에 전념하는 곳인 것 같아서 이곳에서 일하고 싶다는 생각이 들었어요." 블레이크가 대답했다.

"디이내스타를 너무 높게 평가하지 마세요. 다른 조직과 마찬가지로 우리도 문제가 있어요. 우리는 완벽하지는 않지만 우리의 의도를 잘 표현해주었다고 생각합니다. 다시 뵙기를 바랍니다." 팀의 한 젊은 여직원이 말했다.

이윽고 점심시간이 끝나자 안나가 와서 물었다. "점심은 어땠어요?"

"정말 좋았어요. 다양한 사람들을 만나서 회사와 문화를 이해하는 데 큰 도움이 되었어요."

"오늘 일정을 끝내기 전에 미팅이 하나 더 있어요. 앨런 스미스 씨를 만나야 합니다."

"그가 누굽니까?"

"우리 회사 사장님이에요."

"농담이죠? 이거 시험하는 건가요? 제가 놀라는지 보려는 건가요? 몰래카메라도 있나요?" 블레이크는 농담이라고 생각했다.

"아니에요. 농담 아니에요. 진정하세요. 하지만 사장님은 채용 마지막 단계에서 모든 면접자를 만납니다."

"왜죠? 10억 달러 회사의 사장님이잖아요." 블레이크는 믿기지 않는 듯 말했다.

"몇 년 전에 우리도 똑같은 질문을 했었죠. 그에게는 분명 엄청난 시간을 투자해야 하는 일이니까요. 하지만 사장님은 이보다 더 중요한 일을 찾을 수 있다면 기꺼이 그 일을 하겠다고 말했어요. 사장님은 사람을 채용하는 일을 우리가 내리는 가장 중요한 결정이라고 믿고 있어요."

안나는 블레이크를 앨런의 사무실로 안내했다. 사장실은 매우 깔끔했고 사치스럽지 않았다. 책으로 가득 찬 책장이 한쪽 벽면을 바닥부터 천장까지 길게 늘어서 있었다.

"어서 오세요." 앨런이 자리에서 일어나 블레이크를 맞이하며 활기찬 어조로 말했다.

"만나뵙게 되어 정말 반갑습니다. 사장님."

"그냥 앨런이라고 불러주세요." 그가 블레이크를 의자로 안내하며 말했다. "여기 앉아서 하루 일과를 말씀해주세요."

블레이크는 하루의 일과를 요약해서 말했다. 그는 사장의 이름을 직접 부르는 것이 불편했지만, 자신이 참석했던 각 미팅과 점심시간에 대해 이야기했다.

"우리와 함께 오늘 하루를 보내주셔서 감사합니다. 보다시피 우리는 어떤 사람을 채용할 것인지 결정하는 일을 매우 중요하게 생각해요. 이 과정에서 궁금한 점에 대한 답을 얻었기를 바랍니다." 앨런이 말했다.

"맞아요. 그랬습니다. 그리고 제가 만난 모든 사람들의 답변은 놀랍도록 일관적이었습니다."

"우리 팀원들 모두에게 매우 감사하고 있어요. 그들은 뛰어난 일을 해내고 있죠. 그렇다고 문제가 없다는 뜻은 아닙니다. 하지만 우리는 이러한 문제를 해결하는 것이 계속 발전하는 중요한 과정이라고 믿고 있어요. 내게 묻고 싶은 질문이 있나요?"

"여기 있는 책을 보니 평소에 독서를 즐기시는 것 같습니다. 리더로서 계속 배우는 이유는 무엇입니까?"

"몇 가지 이유가 있어요. 첫째, 학습 능력이 리더십 역량을 결정한다고 믿기 때문이죠. 배움을 멈추면 리더로서의 역량 또한 상실하게 됩니다. 나 또한 우리 각자에게 부여된 소질과 재능을 극대화할 수 있는 관리자의 기회가 있다고 믿어요. 내가 배우고 성장하지 않으면, 내가 가진 재능을 충분히 활용할 수 없을 겁니다. '리더의 속도가 곧 팀의 속도'라는 옛말도 믿어요. 내가 성장하지 않으면 다른 사람의 성장을 절대 기대할 수 없어요. 그리고 마지막으로 내가 성장할 때 직원들과 조직 전체에 더 많은 가치를 더할 수 있다고 생각해요. 물론 무의식에 잠재되어 있는 다른 이유도 있겠지만, 이것이 가장 먼저 떠오르는 이유죠."

블레이크는 계속 성장하기를 원하는 앨런을 보니, 데비가 그와 같은 리더와 대화하는 걸 좋아할 것이라는 생각에 미소를 지었다.

> 학습 능력이 리더십 역량을 결정한다.
> 배움을 멈추면 리더로서의 역량 또한 상실하게 된다.

"모두 이해가 됩니다." 블레이크가 말했다.

"질문 하나 하죠. 만약 우리가 당신에게 팀의 직책을 제안하고 당신의 업무 수행 능력에 상응하는 책임과 기회 확대를 약속한다면, 장기적으로 회사에 기여할 의향이 있나요?" 앨런이 물었다.

"지금까지 제가 여기서 경험한 모든 것을 바탕으로 말씀드리자면, 네, 그렇습니다." 블레이크는 자신의 답변에 약간 당황했지만, 진심에서 우러나온 대답이었다. 그는 이 회사가 자신에게 투자할 회사라는 것을 알았고, 자신도 그렇게 할 수 있다고 생각했다.

"지원 절차를 진행하면서 우리에게 보여준 신뢰에 다시 한 번 감사드립니다. 우리 회사에서 면접자의 적격성을 평가할 예정이며, 약 일주일 내에 답변을 줄 겁니다. 감사합니다." 앨런은 자리에서 일어나 블레이크에게 손을 내밀었다.

"저도 감사합니다. 결과에 상관없이 이번 면접 과정은 도전적이면시도 유익한 시간이었습니다. 행농으로 실천하는 훌륭한 리더십에 대해 많은 것을 배웠습니다. 사장님과 팀이 이룬 성과에 대해 축하드립니다."

"앞서 언급했듯이 아직 끝나지 않았어요. 우리의 최고의 날은 다가오는 미래라고 믿습니다." 앨런이 문까지 배웅하면서 말했다. 블레이크는 앨런이 보여준 낙천주의가 마음에 들었다.

"한 가지 더 말할 게 있어요. 아버님 일은 유감입니다. 아버님은 훌륭한 리더였어요." 앨런이 말했다.

"저희 아버지를 아시나요?"

"네. 수년 전에 함께 이사회에서 일했었죠. 하지만 아버님이 내게 주신 영향력은 지금도 계속되고 있어요. 그분이 영향을 주었던 모든 조직을 다 알 수는 없겠지요. 하지만 분명한 것은 그분 덕분에 모든 조직이 더 나아졌다는 것이에요. 아마도 이런 대화는 우리가 앞으로도 계속할 수 있을 것 같네요." 앨런은 문 앞에 다가서자 이렇게 말했다.

"저도 그러길 바랍니다." 블레이크가 진심을 담아 말했다.

그가 복도에 들어서자 안나가 그를 건물 밖으로 안내하려고 기다리고 있었다. 블레이크는 그녀의 능숙한 업무 협조와 전문성에 다시 한번 감명을 받았다.

"사장님과의 미팅은 어땠나요?" 안나가 물었다.

"잘 된 것 같아요. 앨런 사장님은 정말 모든 신입 직원 면접자를 다 만나셨나요?"

"이 정도 단계까지 진행된 상태라면 그렇습니다."

"인상적이네요." 블레이크가 말했다.

"오늘 생산적인 하루였나요?" 안나가 물었다.

"그런 것 같아요. 면접 진행 과정이 매우 완벽했어요. 결과에 상관없이 저에 대한 투자를 아끼지 않은 다이내스타에 감사하고 싶습니다." 블레이크가 대답했다.

"누군가가 자신의 경력을 우리에게 기꺼이 투자할 의향이 있다는 것은 우리 회사에 대한 큰 칭찬이라고 생각합니다. 더 궁금한 사항이 있으면 전화주세요. 일주일 정도 후에 연락이 갈 겁니다." 안나가 말했다.

건물 출입구에 다다르자, 블레이크는 안나와 악수를 나누며 인사했다. "다시 뵙기를 바랄게요."

최종 면접을 마친 후 블레이크는 데비에게 연락하고 싶었다. 그녀를 만나려면 2주 정도가 더 남아서 그녀에게 서둘러 소식을 보내고 싶은 마음에 간단한 문자를 보내기로 했다.

데비 씨, 격려해줘서 고맙습니다.

오늘 다이내스타 면접은 정말 잘 끝났어요.

일주일 안에 입사 제안이 올 것 같습니다.

블레이크

일주일이 지나고 약속한 대로 블레이크는 톰으로부터 입사 제안 전화를 받았다. 점심을 함께 먹었던 여러 부서로 구성된 팀에서 온 것이었다. 톰은 일주일 내로 그의 답변을 듣고 싶다고 말했다. 출근 날짜는 다소 유동적이었고, 연봉은 먼저 제안했던 다른 회사와 비슷한 수준이었다.

블레이크와 데비는 데비의 남편인 존과 저녁 식사를 하기로 했다. 데비는 시내 중심가에 있는 아주 멋진 레스토랑을 골랐다. 대학생이 보통 선택하는 곳이 아니었기 때문에 블레이크는 데비가 계산해주기를 바랐다.

저녁 식사에서 존과 블레이크는 처음 몇 분 동안 서로를 알아가는 데 시간을 보냈다. 그런 다음, 대화는 블레이크가 고려 중인 두 회사에 대한 이야기로 이어졌다. 먼저 데비는 다이내스타의 최종 면접에 대해 듣고 싶어 했다. 블레이크는 면접 과정에 대해 간단히 요약한 후 최종적으로 입사 제안을 받았다고 말했다.

"축하해요! 정말 잘됐네요. 그 회사 평판이 아주 좋거든요." 존이 말했다.

"그럼 두 회사와 그 회사들이 제안한 직무에 대해 말해주세요." 데비가 말했다.

블레이크는 각 직무를 간략하게 요약해주었다.

"어느 쪽을 선택할 건가요? 결정은 했나요?"

"저는 다이내스타 그룹의 영업지원 업무를 할 생각입니다."

"왜 그렇게 결정했나요?"

"몇 가지 이유가 있어요. 시간이 많이 걸리긴 했지만 채용 과정이 마음에 들었고, 만난 사람들도 매우 전문적이어서 좋았어요. 그러면서도 너무 격식을 차리지도 않았고 아주 적절했습니다. 서로를 잘 이끌어가고 있다고 생각했어요. 다른 회사는 어떨지 모르겠지만 다이내스타에서는 리더십이 훨씬 더 뚜렷하게 발휘되고 있는 듯 느껴졌어요. 그리고 다른 회사에서는 찾아볼 수 없는 팀워크도 마음에 들었거든요. 또한 회사가 기꺼이 제게 장기적으로 투자할 생각이 있다고 느꼈어요. 앨런 스미스 사장은 이미 제게 오랫동안 함께 일할 마음이 있는지 물어보셨어요."

"그래서 뭐라고 대답했나요?" 데비가 물었다.

"그렇다고 했죠. 장기적이라는 표현이 어떤 의미인지는 말하지 않았어요. 제 입장에서는 다를 수 있어서요. 하지만 질문의 취지는 이해했어요. 사장님은 제가 도전할 기회가 있을 것이고, 제 수행 능력에 따라 책임이 커질 것이라고 말씀하셨죠. 그게 마음에 들었어요."

"좋은 생각이네요." 존이 끼어들었다.

"그래서 전화했나요?" 데비가 물었다.

"아니요, 이번 주말까지는 아직 시간이 있어요. 제가 뭐 놓친 게 있을까요?"

"연봉에 대해서는 얘기했겠죠?"

"네, 다른 곳과 거의 같은 금액이었어요. 하지만 다이내스타에서는 월급보다 훨씬 더 많은 것을 얻을 수 있을 것 같아요." 블레이크는 이렇게 결론 내렸다.

"첫 출근은 언제죠?"

"아마 졸업식하고 한두 주 지나서요."

"잘됐네요. 실제로 입사하기 전에 지난번 만남에서 논의했던 두 번째 주제에 대해 다시 만나서 이야기해요."

"무슨 내용이었죠?" 존이 물었다.

"리더로서 어떻게 성장할 것인가에 대한 주제요." 데비가 대답했다.

"괜찮아요, 데비. 제가 수락한 직책은 리더 역할이 아니니까요." 블레이크가 말했다.

"공식적으로는 그렇죠. 하지만 이미 이야기했듯이 리더십은 직위나 직책에 국한되는 게 아니에요. 새로운 역할에서 리더십을 발휘할 수 있는 기회가 충분히 있을 거라고 확신해요. 마지막으로 한 가지 더요. 지금까지 이야기를 들어보니 다이내스타는 완벽한 회사처럼 느껴지네요. 하지만 완벽한 회사란 없어요. 이 사실을 기억해요. 그러니 그 회사에서 몇 가지 단점을 발견하더라도 너무 놀라지 마세요." 데비가 말했다.

# 지 식
## 습 득 하 기

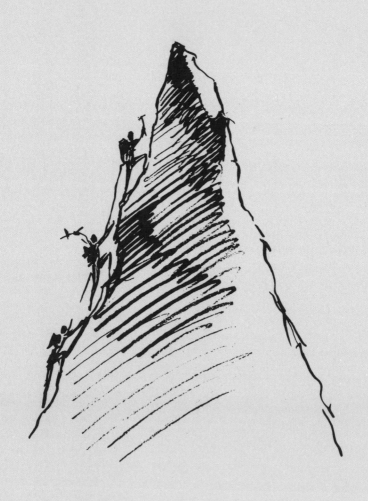

블레이크는 다이내스타의 입사 제안을 수락했다. 곧바로 출근하고 싶었지만, 그의 첫 출근 일은 졸업하고 2주일 뒤로 정해졌다.

그때까지 새 아파트에 익숙해지고 출근 전에 데비와 한 번 더 만남을 가질 수 있는 충분한 시간이 주어졌다. 이번에는 취업에 대한 대화는 하지 않을 것이다. 오직 한 가지 주제, 즉 리더로서 성장하는 법에 대해서만 대화를 나눌 예정이다.

두 사람은 늘 가던 카페에서 만났다. 간단히 인사를 나눈 후 블레이크는 바로 본론으로 들어갔다. "제가 어떻게 리더로서 성장할 수 있는지 알려주세요."

"물론이죠." 데비가 이야기를 시작했다. "성장이란 살아 있는 것과 죽어가는 것을 구분하는 것이에요. 사람들은 조직이 완전히 살아 있어야 성장하죠. 리더가 특히 그렇답니다. 때때로 사람과 조직은 진정한 의미에서 전혀 살아 있지 않을 때가 있어요. 성장하지 않기 때문이죠. 심박수 모니터를 생각해보세요. 살아 있지 않다면 심박수가 멈춰 있을 테니 당연히 성장하지 않죠. 성장은 에너지, 활력, 생동감, 도전 의지를 가져다줘요. 내가 사람들을 만나보면, 성장하지 않는 사람들이 삶과 직장을 지루하게 느끼죠. 성장이 없다면, 우리는 그냥 같은 행동만 반복하며 살아갈 뿐이에요."

"그렇다면 성장하려는 의지가 있느냐, 없느냐에 따라 리더십의 역량이 결정된다는 뜻이군요." 블레이크가 말했다.

"맞아요. 당신은 늘 다음 도전을 준비하는 리더가 되겠습니까, 아니면 오늘의 문제에 어제의 해결책을 적용하려는 리더가 되겠습니까? 후자는 결국 실패할 수밖에 없을 거예요. 성장하겠다는 결심이 결과를 바꿉니다. 단기적인 결심이 아니라 경력과 인생 전반을 두고 성장하기로 마음먹어야 해요. 이 한 번의 결심이 리더의 판도를 바꿀 수 있어요." 데비가 말했다.

"실제 삶에서 성장이란 어떤 모습일까요? 성장하는 리더에 대한 구체적인 개념을 확실히 알고 싶어요." 블레이크가 물었다.

"위대한 리더는 성장을 위해 네 가지 영역에서 선택을 해요. 각각의 영역에 대해 함께 대화를 나눈 다음, 새로운 직장에서 하나씩 시도해보세요. 그래서 실제로 이런 일들을 할 때 어떤 변화가 일어나는지 직접 확인해보세요." 데비가 제안했다.

"그거 좋은 생각이네요." 블레이크가 말했다.

"나는 항상 약어 만들기의 열렬한 애호가였어요. 뭔가를 기억하는 데 약어를 활용하면 도움이 되죠. 내 나이 때문인 것 같아요. 그래서 나는 이 네 가지 중요한 개념을 GROW(성장)라는 약어에 어떻게 담을 수 있을지 고민했어요. 당신도 함께 고민해준다면, 당신에게도 도움이 될 것 같아요."

"물론이죠." 블레이크가 말했다.

"첫 글자인 G는 확실하게 말할 수 있어요. 바로 Gain knowledge, 즉 '지식 습득하기'로 결심해야 한다는 것입니다." 데비가 냅킨에 긁적이기 시작했다.

훌륭한 리더가 되기 위해 꼭 해야 할 것

Gain knowledge(지식 습득하기)

R

O

W

"항상 냅킨에 적으시나요? 요즘은 디지털 도구도 많잖아요." 블레이크가 웃으며 물었다.

"리더라면 언제 어디서든 가르칠 준비가 되어 있어야죠. 나는 오랫동안 수없이 냅킨에 글을 써왔어요. 굳이 디지털 도구가 필요 없죠. '이걸 제가 가져가도 될까요?'라고 묻는 사람들이 얼마나 많았는지 몰라요. 냅킨은 정말 훌륭한 리더십 도구예요!" 데비가 말했다.

"그렇다면 리더는 어떻게 지식을 습득할 수 있을까요?" 블레이크가 물었다.

"그건 여러 분야에서 학생이 되겠다는 다짐에서 시작됩니다. 한 번에 하나씩 살펴봅시다.

리더로서 자신의 성장을 최대한 이끌어내려면 자신을 파악하는 것부터 시작해야 해요. 즉, 자신을 이해해야 하죠. 철저한 자기 인식이 필요해요. 나의 강점은 무엇인가? 나의 학습 스타일과 내가 선호하는 것은 무엇인가? 나는 무엇에 열정을 갖는가? 나는 어떤 리더십을 선호하는가? 나는 어떤 스타일인가? 나는 위임하는 것을 선호하는가, 아니면 지시하는 것을 선호하는가? 나는 어떤 성격인가? 나는 어떤 영향력을 가지고 있는가?

그다음으로, 그룹과 개인으로서 당신이 리드하려고 하는 사람들에 대해 지식을 습득해야 합니다. 그들의 희망과 꿈은 무엇인가? 그들은 무엇을 두려워하는가? 그들의 가족에 대해 무엇을 알고 있는가? 그들 과거의 직장 경험은 어땠는가? 그들이 경력을 통해 얻고자 하는 비전은 무엇인가? 그들의 성격은 어떤가? 인정받는 것에 대한 그들의 개인적 견해는 무엇인가? 공식적인 인정을 선호하나, 아니면 사적인 인정을 더 선호하나? 그들은 상장과 트로피 중 어떤 것을 더 좋아할까? 현금보다 휴가가 더 나은 보상인가? 이렇게 다른 사람에 대해 더 많이 알면 알수록 보다 나은 방식으로 도움을 줄 수 있어요.

그러고 나면, 당신이 속한 업계에 대한 지식을 쌓아야 해요. 나는 업계에 대해 무엇을 알고 있는가? 이 업계는 과거에 어땠는가? 미래와 다를 수 있지만 현재 업계 상황은 어떤가? 나의 주요 경쟁자는 누구인가? 그들의 강점은 무엇인가? 그들의 약점은 무엇인가? 지난 10년 동안 내가 속한 업계는 어떻게 변했는가?"

블레이크는 데비가 말을 이어가는 동안 열심히 메모했다.

"마지막으로, 리더는 리더십 분야에 대한 지식을 지속적으로 습득해야 해요. 요즘 트렌드는 무엇인가? 모범 사례는 무엇인가? 어떤 기술을 습득할 수 있는가? 내가 어떤 기술을 연마할 수 있는가? 나는 어떤 책을 읽어야 하는가? 누가 내 멘토 역할을 할 수 있는가? 어떤 유형의 평생 교육이 적합한가? 내가 리더로서 성장하기 위해 무엇을 할 수 있는가? 이 모든 질문에는 답이 있어요. 이 답을 찾는 것은 리더가 지식 습득에 집중할지 아니면 안주할지, 그의 선택에 따라 달려 있죠."

"말이 쉽지 행동은 쉬운 일이 아니네요. 제 질문이 너무 많죠." 블레이크가 말했다.

"맞아요, 말처럼 쉬운 일이 아니에요. 하지만 지식을 습득하는 것은 암을 치료하거나 화성에 사람을 보내는 일처럼 어려운 건 아니랍니다. 내가 지식을 습득하는 것이 왜 중요한지 예를 하나 들어볼게요. 당신은 스키 타죠?"

"타죠."

"그럼 스키 대회도 나갔나요?"

"그래요."

"어떤 종목이었나요?"

"활강이요."

"내가 제대로 이해했는지 알려줘요. 시합 중에 게이트를 하나라도 통과 못 하면 실격되는 거 맞나요?"

"네, 맞아요."

"이것이 바로 많은 리더들에게 일어나는 현상을 완벽하게 보여주는 예시랍니다. 그들은 자신의 지식과 기술을 성장시키지 못하죠. 매우 안타까운 일이에요. 왜냐하면 그게 바로 첫 번째 관문이거든요. 이 첫 번째 관문을 통과하지 못하면 결국 실격 처리되고 말 거예요."

"그런데 리더들은 왜 그렇게 당연한 것을 놓치는 걸까요?" 블레이크가 물었다.

"왜 활강 스키 선수들은 게이트를 놓칠까요?"

"여러 가지 이유가 있겠죠." 블레이크가 생각에 잠기며 천천히 말했다. "가장 흔한 이유로는 아마도 속도를 지나치게 빠르게 냈기 때문일 겁니다."

"그럼 스키 선수들은 왜 그렇게 속도를 낼까요?" 데비가 물었다.

"아마도 잃어버린 시간을 만회하려고 급하게 속도를 내겠죠. 자신의 한계를 모르기 때문일 수도 있고요."

"그래요. 많은 리더들은 해야 할 일이 너무 많죠. 그렇다 보니 빠른 시간 내에 너무 많은 것을 성취하려고 하니까 지식을 습득하는 데 실패하는 거예요. 어쩌면 그들은 자신의 한계를 모를 수도 있어요. 그것 말고도 스키 선수가 게이트를 놓치는 이유로 뭐가 있을까요?"

"준비 부족이요. 코스를 충분히 연구하지 못했기 때문일 수도 있어요."

"맞아요. 지식 습득에 실패하는 많은 리더들의 경우도 마찬가지라고 생각해요. 그들은 성장을 위해 시간을 할애하려고 하지 않아요. 그들은 시간이 늘 부족하다고 생각하기 때문에 그건 시간 낭비라고 여길 테니까요. 스키 선수가 게이트를 놓치는 또 다른 이유가 있을까요?"

> 많은 리더들은 해야 할 일이 너무 많다.
> 그렇다 보니 빠른 시간 내에
> 너무 많은 것을 성취하려고 하니까
> 지식을 습득하는 데 실패하는 것이다.

"네, 주의가 산만해서요." 블레이크가 대답했다.

"리더들도 마찬가지로 외부 요인이나 내부 요인에 의해 주의가 산만해지죠. 산만함은 다양한 종류와 방식으로 나타나요. 그렇다면 스키 선수가 모든 게이트를 통과할 확률을 높이려면 어떻게 하면 좋을까요?" 데비가 말했다.

"잠깐 생각 좀 해볼게요." 블레이크는 잠시 멈칫했다. 그는 추운 겨울 아침 팀 동료들, 코치와 함께 산에 올라갔던 기억이 떠올랐다. "코치님이 집중하라고 말씀하시곤 했어요." 블레이크가 말했다.

"리더가 해야 할 일을 잘 요약해주는 말이 바로 '집중하라'는 거예요. 리더로서 지속적으로 지식을 쌓으려면 우리 자신을 성장시키는 데 집중해야 합니다. 그렇다면 당신의 새로운 역할에서 이러한 개념들을 활용할 수 있을까요?"

"명심해야 할 내용들이 많네요."

"맞아요, 그래서 활강 스키 경기의 예시를 잊지 마세요. 지나치게 많은 일을 하려다 집중력이 떨어지면 낭패를 볼 수 있거든요. 우선 이 네 가지 영역에서 각각 하나씩을 선택해서 시도해보는 건 어떨까요?"

"네, 좋은 생각입니다. 이런 일들은 얼마나 오래 해야 하나요?" 블레이크가 물었다.

"평생이요." 데비가 웃으며 말했다.

"농담이죠?"

"아니요, 농담이 아니에요. 이 일들은 리더로서 항상 신경 써야 하는 일이니, 얼마나 오랫동안 해야 할지 걱정할 필요 없어요. 리더로서 당신의 존재와 행동의 일부분이 될 거니까요. 일단 이 일들이 생활의 일부가 되면, 생각만큼 어렵지 않을 거예요. 그럼 어떤 것부터 시작해볼까요?"

블레이크는 냅킨을 보다가 자신이 메모해 놓은 노트를 살펴봤다.

"인사팀 직원인 안나가 회사에서 실행하는 몇 가지 평가 방법에 대해 언급했어요. 그녀와의 대화를 통해 더 알아볼 수 있을 것 같아요. 말씀하신 내용을 바탕으로 제 선호도와 성격에 대해 더 알아보는 것이 도움이 될 것 같습니다."

"시작이 좋네요! 함께 일하는 직원들에 대한 정보를 얻는 건 어때요?"

"그건 좀 어려울 것 같아요. 리더는 자신이 리드하고자 하는 사람들에 대해 알아야 한다고 하셨죠. 그런데 저는 누구를 리드하는 것이 아니잖아요. 그저 팀에 갓 입사한 사람, 즉 신참일 뿐인데요."

"충분히 이해해요. 하지만 리더십은 직위랑 상관없어요. 리더십은 영향력에 관한 것이죠. 물론 자신이 처한 상황에 세심하게 주의를 기울여야 해요. 하지만 팀원들을 잘 알면 큰 도움이 될 거예요. 팀원들에 대해 많이 알면 알수록 장기적으로 더 효과적일 수 있어요. 팀원들에 대한 지식이 쌓이면 직위나 직책이 없어도 그들 사이에서 진정한 리더십을 발휘할 수 있는 기회도 늘어나니까요."

"그럼 제가 어떻게 해야 할까요?" 블레이크가 물었다.

"그들의 이야기를 잘 들어보세요. 개별적으로 시간을 보내

면서 그들의 과거, 교육, 가족, 경력과 성과 등 그들이 이야기해
줄 수 있는 모든 것에 대해 물어보세요. 그들이 어느 정도까지
공유하고 싶은지는 그들 스스로 결정하게 맡기고요. 시간이 지
나면 많은 걸 배울 수 있을 거예요."

"그렇게 해볼게요."

"할 수 있을 거예요. 이제 당신이 일할 업계에 대한 이야기를
나눠봅시다. 이게 아마 가장 쉬울 거예요."

"왜 그렇게 생각하세요?" 블레이크가 물었다.

"당신은 신입이니까 모든 팀원에게 '그들이 신입이었을 때,
이 업계에 대해 알고자 할 때 가장 도움이 되었던 것이 무엇이
었나요?'라고 물어볼 수 있잖아요. 상대방이 말하는 모든 내용
을 목록으로 작성한 다음, 이를 잘 검토해보세요. 또한 각자에
게 질문이 있으면 다시 만나서 더 많은 통찰력을 얻고 싶다고
말해보는 것도 좋아요."

"할 수 있을 것 같아요."

"그래요, 할 수 있을 거예요. 마지막으로, 당신이 리더로서의
지식과 기술을 성장시키려면 지금 무엇부터 시작하면 좋을까
요?" 데비가 물었다.

"제가 할 수 있는 일이 많을 것 같지만, 말씀하신 대로 무리
해서 많은 일을 시도하고 싶지는 않아요."

"현명한 생각이에요. 우리는 성장하는 리더가 되기 위해 해야 할 일에 관한 이야기는 아직 많이 나누지 않았으니까요."

"그럼 어떻게 하면 좋을까요?"

"평소에 리더십에 관련된 훌륭한 저서들을 정리해서 목록으로 줄게요. 그 목록을 너무 빨리 읽어야 한다는 부담감은 갖지 말아요. 일단 시작해보세요."

"리더십에 관련된 책들을 얼마나 읽으세요?" 블레이크가 물었다.

"가능한 한 많이 읽으려고 해요. 항상 리더십 관련 책들을 읽으려고 노력하죠."

"항상이요? '항상'에 대해 좀 더 자세히 설명해주실 수 있을까요?" 블레이크가 물었다.

"나는 항상 리더십에 관련된 책을 읽고 있어요. 내가 선택한 직업이니까요. 리더십은 내가 사람들을 돕고, 조직에 가치를 더하고, 세상에 영향을 미치는 방법이에요. 언젠가는 내 리더십에 책임을 져야 한다는 것을 알고 있어요. 자신의 분야에서 최신 정보를 얻기 위해 노력하는 의사, 변호사, 회계사를 생각해보세요. 당신이 진료를 받으려는 의사가 최신 의학 자료를 얼마나 자주 읽으면 좋을까요?"

"언제나요." 블레이크가 웃으며 답했다.

"독서는 리더십을 배우기 위한 훌륭한 초석이 됩니다. 물론 독서만으로는 충분하지 않지만, 리더십의 배움을 위해서는 좋은 출발점이 될 거예요. 추천도서 목록을 보내줄게요."

"너무 좋아요!"

"새로운 직장에서 한두 주 정도 근무해보고 나서 다시 커피 한잔 해요. 우리가 논의한 영역에서 어떻게 지식을 습득할 수 있을지 기대가 되네요."

"저도 그래요." 블레이크가 미소를 지으며 말했다.

# 험난한
## 시 작

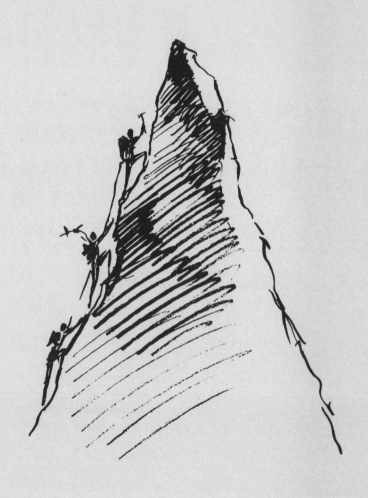

블레이크는 다이내스타의 첫 출근에 들떠 있었고, 직장을 얻게 되어 감사했다. 출근 후 첫 일정은 새로운 상사를 만나는 것이었다. 그녀의 이름은 매기 반웰이었다.

반웰은 블레이크보다 몇 살 더 많았고, 그녀는 성과를 위해 열정적으로 일했고, 그것은 그녀의 트레이드 마크가 되었다.

"좋은 아침입니다. 저는 블레이크라고 합니다. 오늘 첫 출근했어요. 몇 주 전에 팀과 함께 방문했는데, 그때 자리에 안 계셔서 못 뵈었어요. 그래서 잠시 인사하러 들렀습니다." 블레이크가 반웰의 방 문을 두드리며 말했다. 블레이크는 그녀가 자기 방으로 들어오라고 말할 줄 알았는데, 그녀는 그런 말은 하지 않았다.

"네, 출근했다고 들었어요. 그랜트 씨를 만나서 이번 주 나와의 면담 일정을 잡아주세요. 10분이면 충분할 거예요."

블레이크는 뭔가를 기대한 건 아니었지만, 최소한 이건 아니었다. 그녀는 무례하지는 않았지만, 매우 직설적이면서 격식을 갖춰 말했다. 그랜트 씨라고? 그는 이 사람이 반웰의 비서라고 생각했다.

블레이크가 상황을 파악하며 그 자리에 계속 서 있자, 그녀가 물었다.

"다른 용건이라도 있나요?"

"아닙니다. 그런데 하나 여쭤볼 게 있습니다. 면담 전에 제가 무엇을 해야 하나요?"

"그랜트 씨를 찾아서 일할 장소와 컴퓨터, 당신을 교육시킬 파트너가 필요하다고 말하세요."

"네, 지금 그렇게 하겠습니다. 첫 면담이 기대되네요."

이번에도 블레이크는 그녀가 "나도 그래요"와 같은 대답을 하지 않을까 예상했지만, 그녀는 하지 않았다.

"이번 주에 10분 내로 면담하죠." 반웰이 대답했다.

블레이크는 약간 놀란 표정으로 그녀의 방을 나왔다. 그는 복도에서 마주친 한 남자 직원에게 그랜트 씨의 자리가 어디인지 물어보고, 그녀가 있는 곳으로 찾아갔다.

"그랜트 씨 되시나요?" 블레이크는 그녀에게 다가가면서 수줍게 말했다.

"안녕하세요, 블레이크 씨 맞죠?" 블레이크는 안도가 되었다. 그녀는 그가 곧 올 것을 알고, 실제로 그를 만나서 반가워하는 표정이었다.

"네, 그랜트 씨. 블레이크라고 합니다. 팀장님이 제가 들릴 거라 말하던가요?"

"팀장님을 만났어요?" 그녀가 물었다.

"네, 만났어요."

"그녀를 매기라고 불렀나요?"

그가 잠시 생각했다. "아니요, 그녀의 이름을 부를 기회가 없었어요."

"다행이네요. 팀장님은 '반웰 씨'라고 불리는 걸 더 좋아하거든요."

"알려주셔서 감사합니다."

"나를 그냥 크리스티라고 부르면 됩니다. 팀장님만 나를 그랜트 씨라고 부르거든요." 그녀가 웃으며 말했다.

블레이크는 이번이 누군가의 이야기를 알 수 있는 좋은 기회라고 생각했다. 그는 크리스티에게 반웰에 대해 더 알아야 할 것이 있는지 물었다. 잠깐의 대화였지만, 유익한 정보를 많이 얻었다. 블레이크는 크리스티에게 반웰이 지시한 사항을 알려주었다.

"알겠어요. 예상하고 있던 것들이에요. 여기 당신이 쓸 노트북이에요. 당신이 일할 장소는 복도 안쪽 413호예요. 내가 거기로 안내해줄게요. 그리고 당신과 함께 일할 파트너는 샘 콜드웰이에요. 그는 우리 회사 최고의 직원이죠."

"감사합니다, 크리스티." 블레이크가 말했다. 그는 크리스티와 몇 분 동안 이야기를 나누고 나서, 반웰과 첫 만남에서 느꼈던 긴장감을 완화할 수 있었다. 그의 낙천적인 성향이 되살아나고 있었다.

크리스티는 블레이크가 일할 장소까지 데려다주었다. 샘을 만나러 함께 복도를 걸어가면서 블레이크는 샘이 반웰과 크리스티 중 누구와 비슷한 성향일지 궁금했다. 그는 샘이 크리스티 같은 사람이기를 바랐다. 모퉁이를 돌아 짧은 복도 끝에 있는 사무실에 다다랐다. 그때, 30대 중반의 말끔한 차림을 한 남자가 사무실에서 나오고 있었다. 두 사람이 거의 부딪칠 뻔했다.

"실례합니다. 제가 주위를 살피지 않고 걸었네요. 저는 샘이라고 해요. 당신이 블레이크군요." 남자가 말했다.

"네, 맞습니다. 선배님."

"여기서는 '선배님'이라는 호칭은 필요 없어요. 블레이크." 샘이 크리스티를 쳐다보며 말했다.

"크리스티, 블레이크 신상 파일에 나와 있는 것 말고도 제가 더 알아야 할 게 있을까요?"

"딱 하나 있어요. 팀장님를 만나고 왔어요."

"잘됐네요. 먼저 알려주길 잘했어요." 샘은 크리스티를 바라보며 활짝 웃었다.

"네, 하지만 별다른 문제는 없었어요." 크리스티가 말했다.

"팀장님과 면담이 언제죠?" 샘이 물었다.

"크리스티가 일정을 알아보고 있어요. 이번 주에 만날 예정이에요." 블레이크가 답했다.

"알았어요. 크리스티, 일정이 잡히면 바로 알려줘요."

"그렇게 하죠. 이제 둘이 친해지게 저는 이만 가볼게요. 즐거운 시간 보내요." 크리스티는 자리를 떠나면서 어깨 너머로 이렇게 말했다. 샘은 블레이크에게 고개를 돌려 그의 눈을 바라보며 말했다.

"자, 블레이크, 이렇게 하죠. 우리 회사는 신입을 위한 정식 교육 프로그램이 따로 없어요. 나한테 배우는 게 전부예요. 나는 당신이 알아야 할 것만 알려드릴 테니, 궁금한 것에 대해 질문도 많이 하고 메모도 열심히 하세요."

그 후 4시간 동안 샘은 회사와 업무에 대한 이야기를 했고, 블레이크는 그 내용들을 받아 적었다. 샘이 숨을 고르기 위해 잠시 이야기를 멈추면, 그때 블레이크가 질문을 했다. 그러고 나서 샘은 고객을 만나러 가야 한다며 일어섰다. 그 고객은 샘의 가장 큰 고객 중 하나로, 서비스에 불만을 품고 있었다.

샘은 가는 길에 블레이크에게 이렇게 말했다. "내가 당신을 소개해줄 거고, 대화도 내가 알아서 할게요. 기분 나쁘게 생각하지 말아요. 오늘은 당신이 첫 출근 날이라 그런 거니까요." 샘이 미소를 지었다.

"괜찮습니다." 블레이크는 마음이 놓였다.

회의는 짧고 단도직입적이었다. 그 고객은 샘에게 다이내스타가 조치를 취하지 않으면 경쟁업체로 가겠다고 말했다. 그 고객은 경쟁업체에서 같은 제품을 같은 가격으로 훨씬 더 좋은 서비스를 받을 수 있을 것이라 생각했다.

샘과 블레이크는 고객의 말을 경청했다. 샘은 서비스 문제에 대해 사과하고, 즉시 문제를 해결하겠다고 약속했다.

사무실로 돌아오는 차 안은 조용했다. 하루 종일 샘이 블레이크에게 보여주었던 전염성 있는 미소와 낙천적인 기운은 사라지고 없었다.

마침내 블레이크가 침묵을 깼다. "저런 고객이 많이 있나요?"

"다행히 그렇게 많지는 않아요. 하지만 가장 큰 고객 중 하나라는 점이죠." 샘이 말했다.

"근본적인 문제가 뭡니까?" 블레이크가 물었다.

"우리 업계의 문제죠."

"업계의 문제요?"

"네, 눈높이가 계속 높아지고 있는 게 문제죠. 우리의 경쟁자들이 점점 더 향상되고 있거든요."

"그런데 우리 회사는 그렇지 않나요?"

"네, 맞아요. 과거에는 괜찮은 성과로 인정받던 것이 이제는 더 이상 그렇지 않아요. 우리의 과거 명성은 그저 과거일 뿐입니다."

블레이크는 데비가 배워야 할 중요한 분야 중 하나가 업계라는 점을 기억했다. 그래서 그는 샘에게 물었다. "어떻게 하면 업계, 특히 경쟁사에 대해 더 많이 배울 수 있을까요?"

"좋은 질문이네요. 확인해볼 수 있는 몇 가지 자료와 사이트 링크를 보내줄게요."

이것이 리더십의 과정처럼 느껴지지는 않았지만, 블레이크는 마음속으로 자신이 다이내스타에서 변화를 일으키려면, 이런 것들뿐만 아니라 훨씬 더 많은 것을 알아야 한다는 사실을 알고 있었다.

"이번 주에 일정이 어떻게 되나요?" 블레이크가 분위기를 밝게 하려고 애쓰며 물었다.

"내일 오전에 팀 회의가 있어요. 내일 오후에는 인사팀에서 오리엔테이션을 할 거고, 이후 이번 주 일정은 내내 나와 함께 시간을 보내게 될 거예요."

"알겠어요. 언제쯤 팀장님을 만나야 하나요?"

"아, 깜빡했네요. 그 일부터 해야겠어요. 사무실에 돌아가면 크리스티에게 확인해볼게요."

사무실에 도착하자, 크리스티는 다음 날 팀 회의가 끝난 직후에 블레이크와 반웰의 면담이 있을 거라고 알려주었다.

"좋아요. 팀장님과 미팅하고 나서 바로 나와 만나기로 하죠." 샘이 블레이크에게 말했다.

"팀 회의를 위해 제가 미리 준비할 게 있을까요?" 블레이크가 물었다.

"따로 없어요. 그냥 메모를 많이 할 준비나 해요. 몇 분 일찍 들어오고."

"그 정도면 어렵지 않죠." 블레이크가 답했다.

★ ★ ★

다음 날 회의 시작은 아침 9시로 되어 있었다. 블레이크는 평소 습관대로 10분 정도 일찍 도착했는데, 반웰을 제외한 모든 팀원이 이미 도착해 있는 것을 보고 깜짝 놀랐다.

회의실은 조용했다. 다행히 샘 옆자리가 하나 비어서 그 자리에 앉아 샘에게 속삭였다. "제가 혹시 늦었나요?"

"아니에요. 그냥 회의가 시작되기를 기다리는 중이에요."

샘은 이런 상황 자체가 다소 의아했다. 그는 상황을 자세히 알고 싶었지만, 지금은 그런 질문을 할 때가 아닌 것 같았다.

8시 55분. 반웰이 들어왔다.

"지난달에 고객 셋을 잃었습니다. 모두 큰 고객들이었죠. 더 이상 잃어서는 안 됩니다. 그렇지 않으면 여러분은 대가를 치르게 될 것입니다. 그들을 대체할 고객을 찾아야 해요. 앞으로 2주일 안에 그 매출을 반드시 채워야 합니다. 질문 있나요?" 반웰은 대답을 기대하지 않았고, 아무도 대답하지 않았다. "오늘 회의 여기까지입니다." 그녀는 돌아서서 자리를 떠났다.

"회의가 끝난 건가요?" 블레이크는 믿기지 않는 표정으로 물었다. 시계를 보니 겨우 8시 56분이었다!

"현실 세계에 온 걸 환영해요." 샘이 웃으며 말했다.

"저희 이와 관련해서 이야기를 좀 해야 할 것 같아요." 블레이크는 방금 본 것에 여전히 놀란 표정으로 말했다.

"지금은 안 돼요. 팀장님이 당신을 기다리고 있을 거예요. 아마 지금쯤이면요." 샘이 시계를 보며 말했다.

"아, 맞아요, 깜빡했어요. 제가 팀장님과 무슨 말을 해야 할까요?"

"예전과 같다면, 별로 할 말이 없을 거예요."

"조언 좀 해주세요."

"그녀가 하는 말을 집중해서 잘 듣고 받아 적으면 됩니다."

블레이크는 반웰의 방을 향해 복도를 따라 걸어갔다. 그는 생각을 정리하려고 애쓰고 있었다. '뭐라고 말하지?', '무슨 말을 해야 할까?', '그냥 아무 말도 하지 말까?' 이런 질문들이 머릿속을 맴돌면서, 그는 무슨 말을 해야 할지 여전히 모른 채 그녀의 방 문 앞에 도착했다. 그 순간 크리스티가 반웰의 방에서 나오더니 말했다.

"지금 들어가면 돼요." 적어도 그녀의 말에 블레이크가 늦지는 않았다는 것을 알 수 있었다. 그는 방으로 들어가 책상 앞에 의자가 있는 것을 보긴 했지만 앉지는 않았다.

"좋은 아침입니다!" 블레이크가 웃으며 말했다.

"정말 그런가요?" 그녀가 물었다.

"네, 그렇게 생각해요. 이 회사의 일원이 되었고, 팀장님의 팀에 합류하게 되어 감사하니까요."

"잘 들어요, 블레이크 씨가 신입인 건 알지만 아첨하는 건 여기서 전혀 도움이 되지 않아요."

"제 말이 진심이 아니라면, 팀장님 말씀에 동의합니다." 블레이크가 말했다.

"좋아요, 월급 외에 다이내스타에서 근무하는 것이 왜 좋은지 이유 한 가지만 말해보세요."

"다이내스타는 고객과 직원 모두를 소중히 여기는 오랜 역사를 가진 회사입니다. 우리 회사는 정당한 이유로 올바른 일을 하는 것으로 알려져 있어요. 죄송합니다만, 이유는 한 가지 이상인 것 같네요." 블레이크는 반웰의 반응을 살펴보기 위해 살짝 미소를 지었다. 하지만 그녀는 아무런 반응도 없었다.

"당신이 듣고 있는 모든 것을 믿지 마세요. 그리고 대체 왜 우리 팀에 들어오고 싶었죠?" 그녀는 얼굴을 찡그리며 말했다.

"몇 가지 이유가 있습니다. 먼저 팀장님은 분명히 탁월한 능력을 가지고 계실 거예요. 그렇지 않다면, 젊은 나이에 이렇게 막중한 책임을 맡고 있지는 않을 겁니다. 그리고 팀장님 팀에서 일하게 되면, 다음과 같은 이점이 있어요. 샘이라는 동료 직원이 생기는 거죠. 그는 우리 회사에서 최고의 직원이라는 소문을 들었어요."

"샘에 대한 조언을 하자면, 그로부터 최대한 많은 것을 배우고 빨리 실행에 옮기세요." 이것은 그녀의 코칭 방식일까? 아니면 격려를 위한 말이었을까? 그것도 아니면 그가 우려했던 것처럼 샘의 미래에 대한 예고였을까? 그는 회의에서 고객 손실과 결과에 대한 그녀의 발언을 적어두었었다.

"한 가지 이유가 더 있습니다." 블레이크가 조심스럽게 말을 꺼냈다. "괜찮다면, 제가 팀장님으로부터 많은 것을 배울 수 있을 것 같습니다."

"너무 확신하지 마세요. 잘 들어요, 당신의 입사 서류를 읽어봤어요. 한 가지만 확실히 해두죠. 당신은 잠재력이 있다고 기술했던데, 나는 잠재력에는 관심 없고 성과에만 관심이 있어요. 성과가 수익을 창출합니다. 다른 질문 있나요?"

블레이크는 질문을 해도 되는지 아닌지 확신할 수 없었지만, 그는 질문을 하고 싶었다.

"지금은 하나만 여쭤보겠습니다." 그가 말했다.

반웰은 당황한 표정을 지었다.

"제가 어떻게 팀장님을 도울 수 있을까요?" 블레이크가 물었다.

"나를 돕는다고요? 농담이죠? 당신의 도전은 나를 견디는 것이지, 나를 돕는 것이 아니랍니다." 그녀가 웃으며 말했다.

"아니요, 전 진심입니다. 저는 팀장님의 기대에 부응하고 그 이상을 충족시키기 위해 최선을 다할 겁니다. 할 수만 있다면 팀장님을 돕고 싶어요."

"이것 봐요, 신입. 재미있는 사람이군. 나를 돕겠다는 생각은

마요. 그냥 빨리 일을 배워서 성과를 내도록 해요. 내가 당신을 필요로 하면, 그랜트 씨가 당신을 찾을 겁니다. 그뿐이에요."

블레이크는 신입이었지만, 분명 이 면담은 이것으로 끝났다는 것을 알 수 있었다. '여하튼 팀장님은 짧은 미팅을 선호하는 것 같아.' 그는 방을 나서면서 미소를 지으며 생각했다. 복도에서 크리스티와 샘이 그를 기다리고 있었다. 그들은 눈에 띄지 않으려고 애쓰고 있었다.

"어떻게 됐어요?" 크리스티가 조용히 물었다. "오랫동안 안에 있었잖아요."

"그랬나요? 우리 팀 회의와 거의 비슷한 시간이었던 것 같은데요." 블레이크가 웃었다.

"뭐라고 하던가요?" 샘이 물었다.

"저보러 아첨꾼이라고 말씀하시더군요."

"그래서 해고당했나요?"

"해고요? 이제 막 입사했는데요."

"지난번 어떤 직원은 팀장님과의 첫 만남에서 해고당했어요."

"왜 미리 저한테 그런 말씀 안 해주셨어요?" 블레이크가 물었다.

"괜히 미리 걱정 끼치고 싶지 않아서요. 게다가 우리 팀의 운영 방식이 적자생존이거든요. 여기까지 온 걸 보면 꽤 잘 해낼 수 있을 거예요." 샘이 말했다.

"그런데 왜 당신을 아첨꾼이라고 생각한 거죠?" 크리스티가 물었다.

"여러 이유가 있을 수 있는데, 그중 가장 중요한 두 가지는 제가 그녀의 팀에 합류하게 되어 기쁘다고 말한 것과 어떻게 그녀를 도울 수 있을지 물어본 것일 겁니다."

"뭐라고요?" 샘은 그 말을 듣고 거의 숨이 막힐 것 같았다.

"어떻게 팀장님을 도울 수 있는지 물어봤어요."

"그래서 팀장님이 뭐라고 하던가요?" 크리스티가 눈을 크게 뜨고 물었다. "혹시 욕설이 있었다면 그건 빼고요."

"성과를 내라고 하더군요. 그리고 필요하면 크리스티, 아니, 그랜트 씨가 나를 찾을 거라고도 말했고요."

"아직 여기에 있다는 게 행운이네요." 크리스티는 고개를 절레절레 흔들며 말했다.

"팀장님 말대로 현실 세계에 온 걸 환영해요." 샘이 미소를 지으며 말했다.

"저도 아직 여기에 있게 된 것에 감사하고 있어요. 여러모로 흥미로운 출발이었어요. 이제 제 자리로 가야 할 것 같네요." 블레이크가 말했다.

블레이크는 반웰의 문제가 무엇인지 잘 몰랐지만, 꼭 알아내겠다고 결심했다. 또한 샘과 함께 어제 만났던 고객을 다시 붙잡지 못하면 샘이 직장을 잃을 수도 있다는 생각에 마음이 불안했다. 그런 일이 생긴다면 여러 이유로 비극이 될 것이다. 즉, 어린 자식이 셋이나 있는 샘의 가족은 물론이고, 회사도 손해를 볼 것이 분명하고, 블레이크에게도 손실이기 때문이다. 그는 정말 샘과 같은 최고의 전문가로부터 일을 배우고 싶었다.

다른

사람에게

다가가기

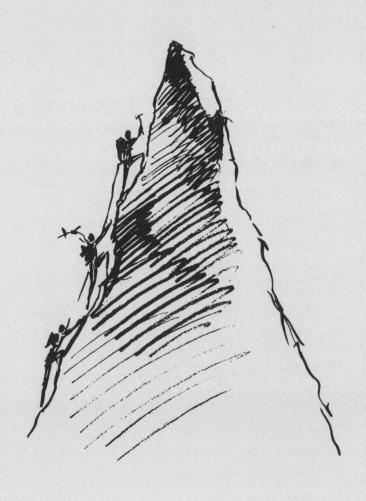

데비와의 만남은 아주 완벽한 타이밍에 이루어졌다. 블레이크는 그녀에게 질문할 것이 많았다. 둘은 여느 때처럼 데비의 사무실 근처 카페에서 만났다.

"출근 첫 주는 어땠어요?" 데비가 물었다.

"정말 미칠 지경이었어요. 여쭤볼 질문이 많아요." 블레이크가 말했다.

"그럼 시작해보죠. 먼저 팀과 새로운 팀장에 대해 말해봐요."

그 후 30분 동안 블레이크는 데비에게 자신의 새로운 세계에 대해 이야기했다. 좋은 점, 나쁜 점, 불쾌한 점 등 모든 것을 털어놓았다.

블레이크의 이야기가 끝나자 데비가 말했다. "좋은 곳인 것 같네요."

"데비 씨가 영원한 낙천주의자라는 사실은 알고 있지만, 그렇게 말씀하신 이유가 있나요? 솔직히 말하자면 일주일을 지내고 나니, 제가 옳은 선택을 한 건지 의문이 듭니다."

"도전이 있는 곳에 기회가 있답니다. 회사 전체가 경쟁에 대한 압박을 받고 있는 것 같아요. 팀장도 그런 것 같고요. 이럴 때 필요한 것은 새로운 사고와 리더십이죠. 이 두 가지가 바로 당신이 기여할 수 있는 것들입니다. 그리고 운 좋게도 업계 최고를 파트너로 두었네요. 정말 좋아요." 그녀가 활짝 웃으며 말했다.

"하지만 팀장님을 어떻게 대해야 할까요?" 블레이크가 물었다.

"출발이 좋아요. 완벽하진 않지만 그 정도면 좋아요. 첫 만남에서 당신을 해고하지 않았으니까요." 두 사람은 웃음을 터뜨렸다.

"그건 맞아요. 하지만 팀장님은 압박감 말고도 다른 문제가 있는 걸까요?"

"글쎄요. 하지만 당신은 이미 그녀를 돕고 싶다는 뜻을 분명히 했잖아요. 지금 그녀가 당신에게 부탁한 것은 오직 배워서 성과를 내라는 것뿐이죠. 당신은 할 수 있어요."

"네, 그래요. 꽤 잘하고 있는 것 같아요. 하지만 배우는 것이지, 성과를 내고 있는 건 아니니까요. 아직은 아니죠."

"여유를 좀 가져요. 아직 일주일밖에 안 됐잖아요."

"제가 이미 리더로서 성장할 수 있는 방법을 찾았어요! 기뻐 해주세요."

"첫 주밖에 안 되었는데요? 더 말해봐요."

그는 지난 미팅에서 데비가 적어준 냅킨을 꺼냈다.

"그걸 여태 가지고 있다니 믿을 수가 없네요."

"네, 액자에 넣어 둘 생각인데요." 블레이크가 웃으며 말했다. "제가 리더로서 성장하려면 지식을 습득하는 것부터 시작해야 한다고 하셨죠. 제가 첫 주에 할 수 있었던 일은 이랬어요. 오리엔테이션에서 면접 과정에서 언급된 평가에 대해 질문했어요. 그랬더니 인사팀에서 저의 강점을 명확히 파악하고 성격 유형을 이해하는 데 도움이 되는 평가를 받도록 해줬어요. 제 자신을 아는 데 큰 도움이 되었다고 생각해요. 제 성격을 이해하면, 제 강점을 더 잘 활용하고 다른 사람들과 더 효과적으로 일할 수 있어요."

"잘됐네요." 데비가 말했다.

"함께 일하는 동료들에 대해서도 알아가기 시작했어요. 샘은 자신의 삶에 대해 이야기해주었고, 크리스티와 다른 두 팀 원들과도 이야기를 나눴어요."

"아주 좋아요! 이제 '샘과 크리스티의 이야기를 알게 되었다'라는 박스에 체크만 하지 마세요. 당신이 한 일은 정말 대단한 일이니 멈추지 말고요. 당신의 목표는 넓고 깊게 나아가는 것이잖아요. 사람들의 이야기에 대한 지식은 시간이 지남에 따라 계속 늘어나야 합니다. 모든 새로운 세부 사항은 퍼즐의 또 다른 조각과 같아요. 더 많은 조각을 수집할수록 그 사람의 진정한 모습을 더 많이 볼 수 있어요. 시작이 아주 좋네요. 다른 이야기는 또 없나요?"

"우리 업계와 관련해서 이야기하자면, 입사 첫 주에 저는 업계 환경이 변화하고 있다는 사실을 알게 되었어요. 또한 다이내스타가 뒤처지고 있다는 것도요. 이와 관련해서는 아직 어떻게 해야 할지 잘 모르겠어요. 하지만 제가 어떻게 도움이 될 수 있을지 아는 데 참고할 만한 자료를 많이 요청했어요."

"잠시 후에 당신이 도움을 주기 위해 어떤 일을 할 수 있는지 다시 이야기해보도록 해요." 데비가 말했다.

"마지막으로 리더십에 대해 말씀드릴게요. 독서에 대한 제안을 잊지 않았지만 지금은 책을 읽지 않기로 했어요. 대신 회사에 연락해서 지난 10년간 아버지가 리더십 관련으로 연설했던 영상 자료를 요청했어요. 그걸 계속 보고 있었어요." 블레이크는 목소리에 힘이 빠지더니 이내 고개를 떨구었다.

데비는 어머니를 잃은 자신의 경험을 통해 그가 여전히 마음

아파하고 있다는 것을 알고 있었다. 그녀는 아무 말도 하지 않았다.

"정말 좋았어요. 남을 돕는 리더가 되는 것에 대해 더 많이 배우면 배울수록 저도 할 수 있다는 믿음이 강해져요." 드디어 블레이크가 말했다.

"그럼요, 할 수 있어요. 이미 그 여정을 시작했잖아요. 새롭고 까다로운 직무를 맡은 첫 주에도 이미 몇 가지 중요한 부분에서 지식을 쌓기 시작했잖아요. 하지만 이야기를 계속하기 전에 한 가지 분명히 해둘 게 있어요. 지난 몇 주 동안 책을 읽지 않은 것에 대해 미안해하는 것 같네요. 리더가 되기 위해 꼭 독서만 해야 하는 건 아니에요." 데비가 말했다.

"정말요? 하지만 그런 의미로 말씀하신 줄 알았는데요."

"그래서 내가 분명히 말하고 싶은 건 독서는 많은 사람들에게 매우 강력한 학습 방법이에요. 또한 대부분의 사람들이 정보를 습득하는 가장 빠른 방법이기도 하지요. 우리 모두는 듣는 것보다 훨씬 더 빨리 읽을 수 있어요. 하지만 모든 리더가 독서가인 것은 아니에요. 그렇지만 한 가지 명심할 것은 모든 리더는 학습자라는 사실입니다. 어떤 매체를 선호하든 계속해서 지식을 습득해야 해요."

"명확하게 설명해주셔서 감사해요. 앞으로는 독서를 더 많이 할 것 같지만, 그렇게 말씀해주시니 영상 자료를 보는 것에 대해 마음이 한결 가벼워졌어요." 블레이크가 미소를 지었다.

"이제 조금 더 큰 도전이 있겠네요." 데비가 말했다.

"더 큰 도전이란 무슨 뜻이죠?"

모든 리더는 학습자다.

"리더십을 배우는 것은 무술을 배우는 것과 비슷해요. 배우고 성장함에 따라 각각의 단계는 이전 단계보다 더 어려워지죠. 이것은 좋은 것이고 필요한 것이죠. 난이도가 높아지면 한계에 도전하게 되고 성장하게 되니까요. 따라서 다음 단계가 조금 더 도전적이라는 것은 매우 좋은 일이에요. 성장은 항상 도전의 결과라는 사실을 기억해요. 새로운 아이디어나 새로운 문제, 심지어 새로운 기회에 도전할 때 정신도 함께 성장해요. 운동하면서 더 많은 무게를 들거나 더 멀리, 더 빨리 달리는 등 신체에 도전할 때 체력도 함께 성장하죠. 리더십도 마찬가지예요. 새로운 리더십에 도전해야 성장할 수 있는 기회도 얻게 되지요. 이러한 도전은 스스로 만들어낼 수도 있고, 다른 사람에

의해 시작될 수도 있어요. 새로운 직장에서 두 가지 모두에 대한 기회가 있을 것 같아요. 도전은 성장으로 가는 중요한 통로입니다."

"그럼 다음 도전은 무엇인가요?" 블레이크는 그 어느 때보다도 자신의 리더십을 더 키우고 싶었다. 직장을 갖기 전에는 그에게 리더십이란 어떤 면에서 여전히 추상적인 개념이었다. 하지만 이제 그는 리더십의 실체를 생생하고 자세하게 볼 수 있었다. 그것도 단 일주일 만에 리더십은 추상적인 개념에서 매우 현실적인 것으로 바뀌었다.

"리더로서 성장하려면 다른 사람에게 다가가야 해요." 데비가 말했다. 그녀는 냅킨에 이 문구를 추가했다.

"다른 사람에게 다가간다고요? 정확히 무슨 뜻인가요?"

훌륭한 리더가 되기 위해 꼭 해야 할 것

Gain knowledge(지식 습득하기)

Reach out to others(다른 사람에게 다가가기)

O

W

"성장하고 배우려면 다른 사람의 성장을 돕는 데 적극적으로 나서야 한다는 뜻이에요."

"다른 사람의 성장을 어떻게 도울 수 있나요?" 블레이크가 물었다.

"우선, 배움을 위해 가장 좋은 방법 중 하나는 가르치는 것이에요." 데비가 대답했다.

"제가 무엇을 가르치나요? 전 아직 신입이고 일한 지 일주일밖에 안 됐는걸요." 블레이크가 어이없다는 듯 말했다.

"당장 내일부터 가르치라는 의미가 아니에요. 하지만 그렇다고 해서 그 가능성도 배제하지 않았으면 좋겠어요. 사실, 가르치는 일은 리더가 배우는 주요 방법 중 하나죠. 내가 참여했던 교육 프로그램에서 강사가 우리에게 세 가지를 부탁했던 걸 잊을 수가 없어요. 첫째, 필기를 하라고 했어요. 그렇게 하지 않으면 학습 효과가 떨어질 거라고 했죠. 내가 블레이크 씨를 보고 딱 알아봤죠. 당신은 메모를 잘하는 사람이고, 이는 곧 적극적인 학습자라는 뜻이죠."

"그 프로그램에서 또 무엇을 배웠나요?"

"둘째, 그날 밤이나 다음 날 아침 일찍, 필기한 노트를 다시 보고 주요 학습 내용이나 깨달은 부분에는 강조 표시를 하고, 깔끔한 필체로 그것을 다시 써볼 것을 강조했어요."

"왜 손글씨로 깔끔하게 다시 써야 할까요?" 블레이크가 물었다.

"그 강사는 대부분의 사람들이 배운 내용에 대해 누군가 질문할 때까지 노트를 다시 보지 않는다고 했어요. 나중에 노트를 다시 보고 자신의 필체조차 읽을 수 없는 경우가 많다고 하더군요."

"맞아요. 저도 그랬어요. 저는 메모를 많이 하는데, 저 역시 필요할 때까지 메모를 다시 보려고 하지 않아요. 그러다 다시 보려고 하면, 횡설수설 적어놓은 말이 무슨 말인지 이해가 안 된 적이 많았어요."

"맞아요. 그 강사는 세 번째로 우리가 배운 내용을 세미나에 참석하지 않은 사람들을 모아 가르치는 것이 중요하다고 했어요. 그러니 내가 학습한 핵심 내용을 읽을 수 있는 능력이 무엇보다 중요하다고 강조했어요."

"왜 강사는 학습자들이 그렇게 하길 원하셨을까요?"

"무언가를 진정으로 배우는 가장 좋은 방법은 다른 사람들에게 다가가서 가르치는 것이라는 사실을 알리고자 했던 거죠."

"훌륭한 리더가 되려면 교사가 되어야 한다는 말씀이신가요?"

"꼭 그렇지만은 않아요. 때때로 리더는 어느 시점에서 '공식적'으로 가르침을 주는 상황에 처할 수 있어요. 아버님도 가끔 강의실에서 가르치시기도 했고, 나 같은 사람들에게 멘토 역할도 하셨죠. 하지만 그것은 아버님의 가르침 중 극히 일부에 불과했어요. 그의 가르침은 대부분 비공식적으로 매일매일 이루어졌어요. 아버님은 항상 가르칠 수 있는 순간을 찾고 계셨죠. 그리고 그런 순간을 발견하면 바로 활용하셨어요."

"맞아요. 저도 아버지에 대해 기억합니다. 하지만 아버지는 저보다 훨씬 더 많은 것을 알고 계셨어요." 블레이크가 말했다.

데비는 고개를 끄덕였다. "그랬죠. 하지만 가르친다는 것은 단순히 정보를 공유하는 것만이 아님을 깨달아야 해요. 그것은 또한 질문을 통해 사람들 스스로가 새로운 배움을 이끌어낼 수 있도록 돕는 것이기도 합니다. 팀장에게 어떻게 도움을 줄 수 있는지에 대한 질문은 그녀가 직원들을 참여시킴으로써 자신이 느끼는 압박감을 어느 정도 해소할 수 있다는 것을 깨닫는 데 도움이 될 거예요."

"그럼 제가 이미 약간의 가르침을 해봤을 수도 있다는 말씀이신가요?" 블레이크가 물었다.

"네, 맞아요. 리더의 역할은 정보를 공유하는 것뿐만 아니라 심도 있는 질문을 통해 가르치는 것이죠. 팀과의 모든 교류는 가르침의 기회가 될 수 있어요." 데비가 말했다.

"제 질문에 대해 궁금증이 풀렸습니다. 이제 정보 공유에 대해 좀 더 설명해주세요." 블레이크가 말했다.

"정보 공유는 단순히 사실과 개념을 공유하는 것 이상이에요. 제가 생각하는 가르침을 위한 가장 좋은 방법은 이야기를 들려주는 것이에요. 아버님은 훌륭한 이야기꾼이셨죠."

그 순간 블레이크는 잠시 생각에 잠겼다. 그는 아버지가 수년 동안 들려주었던 모든 이야기와 그 속에 담긴 교훈을 기억하기 시작했다.

"당신 말이 맞아요. 그 이유가 뭘까요?"

"사실과 개념에 대해 논쟁하고 싶어 하는 사람들의 편견과 비판적 사고를 극복할 수 있기 때문이죠. 스토리로 당신의 관점을 보여줌으로써, 당신의 가르침이 사람들에게 전달될 수 있도록 하는 겁니다."

> 리더의 역할은 정보 공유와 심도 있는 질문을 통해
> 가르침을 주는 것이다.

"우와, 제가 생각했던 것보다 가르치는 일이 훨씬 더 다양하네요." 블레이크가 말했다.

"정말 다양한 내용을 다룰 수 있는 주제죠. 하지만 가르침의 시기에 대한 문제로 돌아가 봅시다. 그 시기를 반드시 기다려야 한다고 생각하지 마세요. 일단 당신에게 가능성을 열어 두라고 권하고 싶어요. 그것을 억지로 하려고는 하지 마세요. 공식적이든 비공식적이든 기회를 찾아보세요."

"알겠습니다. 눈과 귀를 열어두고 기회를 찾아보겠습니다." 블레이크는 다짐했다.

"벌써부터 기대가 되네요." 데비가 평소처럼 격려하는 말투로 말했다.

"질문이 하나 더 있어요. 제가 새로운 팀장님과의 첫 만남에 대해 말씀드렸잖아요. 어떻게 다이내스타와 같은 훌륭한 회사에서 그런 일이 일어날 수 있을까요?" 블레이크가 덧붙여 말했다.

"'인사팀에서 어떻게 인재 채용을 그렇게 형편없이 할 수 있느냐'고 묻는 건가요? 전적으로 인사팀 탓으로 돌리지 마세요. 채용은 많은 변수가 있는 과정이니까요. 게다가 팀장은 분명히 재능 있는 사람이고, 그렇지 않다면 리더 역할을 맡지 않았을 거예요."

"네, 그렇긴 하지만…."

"내가 조언 하나 하죠. 첫째, 그녀를 통해 리더로서 본받고 싶은 좋은 점과 닮고 싶지 않은 나쁜 점을 모두 배울 수 있어요. 최대한 배워보세요. 둘째, 당신의 직감을 따르면서 그녀를 도울 수 있는 방법을 계속 찾아보세요. 결국 그녀가 당신을 놀라게 할 수도 있어요." 그러더니 데비는 고개를 저었다. "직장생활 초반에 내가 사람들을 대했던 방식이 떠올랐어요. 나는 당신의 팀장과 좀 비슷했던 것 같아요."

"정말요?" 블레이크가 물었다. 그는 믿기 어렵다는 표정이었다.

"그런 것 같아요. 나는 관리자로서 업무를 할당하고, 사람들에게 해야 할 일을 지시하고, 성과를 내지 못하면 질책했어요. 그게 내 역할이라고 생각했거든요. 아버님 덕분에 그 단계에서 벗어날 수 있었지만요. 이제는 리더십이란 공동의 비전을 향해 협력하면서 직원들을 돕는 것임을 알게 되었죠."

두 사람이 카페를 나가려고 하는데, 데비가 말했다. "몇 주후에 다시 논의하고, 한 달 정도 후에 다시 만납시다."

"좋아요. 제가 사무실로 전화해서 시간을 잡을게요."

"즐겁게 지내고 계속 성장하길 바랄게요." 데비가 헤어지면서 말했다.

# T F T
## 구 성

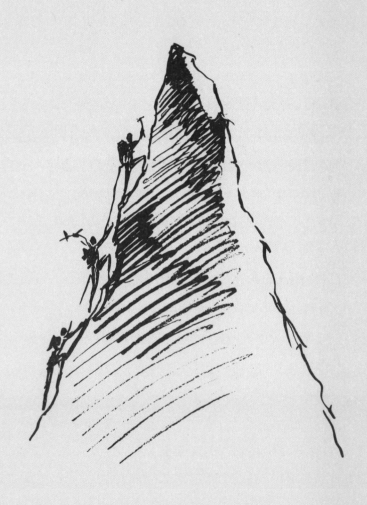

직장으로 돌아오자 긴장감이 최고조에 달해 있었다. 모두들 반웰이 "그렇지 않으면 여러분은 대가를 치르게 될 것"이라고 말한 의미를 각자 나름대로 해석하고 있었다. 특히 샘은 신경이 곤두서 있었다.

"샘, 지난주에 당신이 한 말을 생각해봤는데요." 블레이크가 말을 시작했다.

"내가 무슨 말을 했죠? 많은 말을 해서."

"우리 업계가 변화하고 있다고 했죠. 과거의 서비스 기준으로는 지금은 통하지 않는다고요. 그러면 누가 그 일을 담당하고 있나요?"

"어떤 일이요?"

"서비스 기준이요."

"생산팀에서 노력해주기를 바라고 있는데."

"샘, 희망사항이 전략은 아니잖아요."

"맞아요." 샘이 웃으며 말했다.

"게다가 서비스는 제조 문제뿐만이 아니라 운영, 영업, 구매, 유통 등 여러 영역에 영향을 미칠 겁니다. 그리고 이 외에 제가 미처 생각하지 못한 또 다른 영역이 분명 있을 거예요."

"당신 말이 맞아요, 블레이크."

"생산팀에서 상황의 심각성을 알고 있다고 100% 확신할 수는 없어요. 팀장님에게 보고하지 않았을 수도 있고." 블레이크는 샘을 미소 짓게 하려고 애쓰며 웃었다.

"그 말도 맞아요." 샘이 웃음기 없이 말했다.

"당신이라면 어떻게 제안하겠어요?"

"여러 부서로 구성된 팀, 즉 TFT를 만들어서 이 문제를 탐색하고 변화를 꾀할 수 있도록 하겠어요."

"그럼 누가 그 팀을 이끌어야 한다고 생각하죠?" 샘이 물었다.

"당연히 당신이 제격이죠! 당신은 전문가고, 지난주에 우리가 방문했던 고객의 실제 사례도 있으니까요." 블레이크가 말했다.

"그럴 수도 있겠네요." 샘이 이 단계까지 해결 방법을 생각해본 적이 없다는 것은 분명했다. "하지만 미리 말하지만 나는 팀장감이 아니에요. 내가 가장 좋아하고 잘하는 것은 영업이

지, 팀을 이끄는 것이 아닙니다. 그건 제 희망사항에 없어요."

"이번 한 번만 해보시면 어떨까요?" 블레이크가 물었다. "저도 새로운 팀에 함께 합류하고 싶어요. 비즈니스 전반에 대해 많은 것을 배울 수 있을 것 같습니다."

"좋아요. 해봅시다. 솔직히, 당신은 신입이니까 오히려 다른 사람들이 미처 보지 못한 것들을 볼 수 있을 겁니다. 팀장님에게 이 아이디어와 당신의 동참에 대해 이야기해볼게요. 고마워요, 블레이크." 샘이 말했다.

"뭐가 고맙다는 말씀인가요?"

"내 일자리가 위태롭다는 건 우리 둘 다 아는 사실이잖아요. 내 일자리를 지키게 해줘서 고맙다는 거죠."

★ ★ ★

샘은 평소대로 반웰과 아주 짧은 미팅을 가졌다. 그녀는 기존 사업을 살리겠다고 여러 부서로 구성된 TFT를 만들자는 아이디어가 썩 내키지 않았다. 공격보다 수비에 집중하는 것이라고 주장했다. 샘은 팀이 성공하면, 그녀가 영웅이 될 것이라며 안도시켰다. 그리고 실패하면 팀의 행동에 대한 모든 책임을 본인이 지겠다고 했다. 그럼에도 불구하고 그녀는 여전히 새로운 팀을 만든다는 생각이 마음에 들지 않았다. 시간 낭비에 돈도 많이 들 것이라고 주장했다. 하지만 최근의 잇따른 고객 이탈을 고려하자, 그녀는 결국 동의할 수밖에 없었다. 또한, 그녀는 블레이크의 동참도 달갑지 않았지만, 샘은 블레이크가 예상보다 빠르게 업무를 파악하고 있고, 이 프로젝트로 인해 현행 팀에서 지역에 대한 책임을 일정대로 맡는 데 지장이 없을 거라고 말했다. 이제 블레이크가 '다른 사람들에게 다가갈 수 있는' 진정한 기회가 펼쳐지고 있었다.

샘은 효과적인 팀을 구성했다. 블레이크가 제안한 각 부서에서 팀원을 모집하고, 추가로 몇 명 더 불러들였다.

팀의 첫 회의는 매우 생산적이었다. 그들은 문제를 정확히 파악하고 데이터를 연구해, 해결의 실마리를 찾으려고 노력했다. 그러고는 더 많은 정보가 필요하다는 것을 알게 되었다. 두 개의 다른 고객 집단, 즉 불만을 품은 고객과 이전 고객들의 의견을 듣기로 했다. 또한 회사 내 임원진들과 대화를 나누며, 이 문제점에 대한 그들의 관점도 듣고 싶었다. 인터뷰 명단을 작성해 보니, 일정대로 샘과 블레이크가 함께 인터뷰를 진행하기에는 시간이 너무 오래 걸렸다. 블레이크는 경험이 많은 다른 팀원들처럼 많은 인터뷰 일정을 소화해야 했다. 하지만 그는 이 과제에 대한 기대감에 한껏 부풀어 있었다.

팀이 최종 과제를 검토하고 있는데, 블레이크는 자신이 리더십을 발휘할 작은 기회를 발견했다.

"저 혼자 인터뷰를 진행하도록 저를 믿어주셔서 감사합니다. 제가 신입인 만큼 몇 분만 시간을 내어 우리가 원하는 질문 유형에 대해 정확히 코칭해주시겠어요?" 블레이크가 물었다. 그는 이것이 자신에게뿐만 아니라 더 중요한 것은 팀 전체에 도움이 될 것이라고 생각했다.

샘은 조금도 망설이지 않았다. "아이디어를 내줘서 고마워요. 앞으로 몇 분 동안 기본적인 질문 목록을 만들 수 있도록 도와줄게요. 이것은 우리 모두가 사용할 핵심 질문이 될 것입니다. 그런 다음 각자가 적합하다고 생각되는 질문을 추가하면 됩니다."

그 후 몇 분 만에 팀은 현재 불만을 품은 고객에게 할 질문 목록, 이전 고객에게 할 질문 목록, 임원진에게 할 질문 목록 등 세 가지 목록을 만들었다.

블레이크는 이전 고객 한 명, 불만족스러운 현재 고객 한 명, 마케팅 담당 부사장의 명단을 받았다.

다음 날, 블레이크는 팀원 중 한 명과 점심식사 약속을 잡으려고 했다. 그는 함께 일하는 사람의 이야기를 들어보라는 데비의 제안이 탁월한 발상이라고 생각했다.

블레이크는 세 명의 동료에게 점심식사 약속을 잡으려고 자리에 들렀지만, 그들 모두 거절했다. 세 번째로 물었던 사라에게 말했다.

"그러면 다음 주에 어때요?"

사라는 한숨을 쉬었다. "제안은 고맙지만 다음 주에도 어려울 것 같아요."

"사라, 무슨 일이에요? 오늘 점심식사 제안을 세 번이나 거절당했는데, 당신은 다음 주에도 안 될 것 같다네요. 대체 무슨 일이에요?" 블레이크가 물었다.

"잘 들어요. 당신은 여기서 신입이죠?"

"네, 그래서요?"

"내 생각에는 사람들은 당신이 세상을 구하려고 TFT에 속해 있다는 사실에 약간 경계심을 갖는 것 같아요. 빈정거리는 것처럼 들렸다면 미안해요."

"사라, 모두들, 특히 샘과 다른 고객사 담당자들도 압박을 받고 있어요. 팀장님이 하는 말 들었잖아요. 우리가 계속 고객을 잃으면, 그에 대한 결과가 뒤따를 거라고요. 샘만큼 팀을 더 잘 이끌고 이 문제를 해결할 수 있는 사람이 있을까요?"

"아무도 없죠." 사라는 인정했다.

"저는 샘이 리더이기 때문에 TFT에 있는 것뿐입니다. 샘이 제 트레이닝 파트너인 거 아시잖아요."

"맞아요."

"그러니 제발 좀 도와주세요. 저는 신입이고, 가능한 한 많은 보탬이 되고자 최대한 배우려고 노력 중이에요. 당신의 도움과 나머지 팀원들의 도움이 필요해요. 저와 함께 일해주시겠어요?"

사라는 조용히 앉아 컴퓨터 화면을 응시했다.

"사라, 내가 이곳에서 기여할 수 있도록 필요한 모든 것을 배울 수 있게 도와줄 수 없나요?" 블레이크가 물었다.

"그래요, 미안해요. 당신 말이 맞아요. 우리 모두 일자리를 잃을까 봐 두려워하고 있어요. 우리가 망하지 않도록 도와준다면, 필요한 것을 배울 수 있도록 도와줄게요."

"최선을 다하겠다고 약속할게요. 이제 저와 함께 점심식사 하실래요?"

"좋아요."

점심을 먹으며 블레이크는 사라, 팀, 업계에 대해 더 자세히 알게 되었다. 다음 회의 전에 블레이크가 새로 조직된 TFT에 참여하게 된 것에 대해 사라에게 했던 말을 팀원들과 공유하고 싶다고 했다. 사라는 블레이크가 진심을 다해 설명한다면, 팀원들을 설득할 수 있을 것이라고 말했다.

인터뷰 완료까지 TFT에게 주어진 시간은 단 2주뿐이었다. 따라서 매우 바쁘고 힘든 나날이 이어졌다. 하지만 블레이크는 그 모든 순간을 즐기고 있었다. 사라의 예상대로 블레이크는 열정적인 설명으로 팀을 설득하고 신뢰를 얻었다. 그는 이 과정을 통해 자신이 성장하고 있을 뿐만 아니라 장기적으로 비즈니스에 도움이 되는 일을 하고 있다고 느꼈다.

고객 인터뷰는 시사하는 바가 컸다. 공통된 주제가 분명하게 드러났기 때문이다. 마케팅 부사장과의 인터뷰도 마찬가지였다. 마케팅팀은 회사가 고객을 잃고 있다는 사실을 전혀 모르는 것 같았다. 기존 고객을 유지하는 것이 아니라 신규 고객을 확보하는 데만 초점을 맞추고 있었다. 그들은 신규 고객을 확보하면 다른 누군가가 고객을 계속해서 유지해줄 것이라 생각했다.

블레이크는 회의 전에 샘에게 미리 조사 결과를 보고했다. "블레이크, 이 작업을 완료해줘서 고마워요."

"샘, 인터뷰를 한 번 더 해도 괜찮을까요?" 블레이크가 물었다.

"누구랑요?" 샘이 물었다.

"팀장님이랑요."

"왜죠? 우리는 임원진에 초점을 맞췄는데요. 그녀는 임원진은 아니잖아요."

"저도 알고 있습니다만, 그녀의 관점을 듣고 싶어서요." 블레이크가 끈질기게 설득했다.

"알겠어요. 하지만 조심해요." 샘이 미소를 지었지만, 블레이크는 웃지 않았다.

블레이크는 크리스티에게 전화를 걸어 반웰의 일정 중 그에게 30분만 시간을 내달라고 요청했다.

"이건 매우 이례적인 일이에요." 크리스티가 말했다.

"알고 있어요. 하지만 저는 TFT에서 일하고 있고, 이 주제에 대해 팀장님의 생각을 확실히 들어보고 싶어서요." 블레이크가 말했다.

"여쭤볼게요. 언제쯤이 좋아요?"

"가능하면 수일 내로 하고 싶어요." 블레이크가 제안했다.

"연락줄게요."

"고맙습니다, 크리스티."

블레이크는 반웰과의 미팅에 대해 생각하기 시작했다. 그는 진심으로 그녀의 이야기를 듣고 싶었다. 블레이크가 크리스티와 통화한 지 10분도 채 지나지 않아, 그녀에게서 연락이 왔다.

"팀장님이 지금 보자고 하시네요."

"지금이요? 말 그대로 지금이요?" 블레이크가 물었다.

"맞아요. 오늘 오후 미팅이 취소됐어요. 지금 바로 오세요."

'준비할 게 너무 많은데.' 블레이크는 생각했다. "바로 갈게
요. 고맙습니다, 크리스티." 그가 말했다.

블레이크가 반웰의 방에 도착했을 때 문이 닫혀 있었다. 노
크를 했지만 아무런 반응이 없었다. 그는 잠시 기다렸다가 다
시 노크했다. "들어와요." 마침내 소리가 들렸다.

블레이크는 반웰에게 아무런 사전 예고도 없었는데, 이렇게
시간을 내줘서 얼마나 감사한지 모른다고 말하면서 대화를 시
작했다. 그런데 말을 마치고 보니, 그녀가 평소와 다르게 보였
다. 물론, 그는 그녀를 두 번밖에 본 적이 없었지만, 그 두 번의
만남을 통해서 본 그녀는 단호하고 차가운 사람이었다. 그가 잘
못 봤을 수도 있지만. 그런데 지금 그녀는 뭔가 연약해보였다.

"괜찮으세요?" 블레이크가 물었다.

바로 그때, 블레이크는 그녀와 인간적인 교감을 완벽하게
마주했다.

"어머니 전화였어요. 그녀가 암에 걸리셨대요." 그녀가 말
했다.

"정말 유감입니다. 나중에 다시 올게요."

"그럴 필요 없어요." 반웰이 말했다. 그녀의 목소리에 이전의 강인함이 다시 살아났다.

"가서 어머님 곁에 있어야 하지 않을까요?"

"어머니는 지금 오리곤 주에 계세요."

"저는 팀장님 시간 괜찮으실 때 언제든지 다시 찾아와도 상관없습니다. 그때 질문드리면 됩니다." 블레이크가 말했다.

"곧 뵈러 갈 거예요." 그녀는 고개를 돌렸다.

눈물을 감추기 위해서였을까? 블레이크는 확신할 수 없었다. 그는 자리를 뜨려고 돌아섰다. "그랜트 씨에게 미팅 일정을 다시 잡아달라고 요청할게요."

"블레이크…." 그녀의 목소리가 한층 부드러워졌다.

"네?"

"자리에 앉아서 당신이 하려고 했던 이야기를 해보세요."

"네, 알겠습니다."

블레이크는 반웰에게 지금까지 진행했던 인터뷰에 대해 이야기하기 시작했다. 그녀는 주의 깊게 듣고 심지어 몇 가지 메모도 했다. 그녀는 대화에 완전히 몰입한 듯 보였고, 블레이크가 팀에 전달할 만한 몇 가지 생각을 자극하는 질문들을 했다.

블레이크는 이 문제에 대한 그녀의 관점을 확실히 이해하고 싶어 몇 가지 질문을 했다.

"오늘 시간 내주셔서 감사합니다. 다음 미팅에서 더 대화를 나누고 싶습니다. 연락드려도 될까요?" 블레이크는 향후 대화를 위한 문을 열어 두고 싶었다.

"그렇게 하죠." 반웰이 말했다. 그녀의 목소리는 이제 피곤한 기색이 역력했다.

"어머님 일은 유감입니다. 치료가 효과가 있기를 바랄게요." 블레이크가 말했다.

"아니요, 치료할 수 없는 상태라고 하더군요. 사실 날이 몇 달 안 남았대요."

"정말 유감입니다." 블레이크는 자신이 미묘한 긴장 상태에 놓여 있다는 것을 알았지만, 어쨌든 말하기로 결심했다. "최근에 저희 아버지가 돌아가셨어요. 작별 인사도 못 했어요. 지금 어머님을 뵈러 가셔야 할 것 같아요. 누가 알겠습니까? 몇 달이 아니라 며칠이 남았을지도 모릅니다."

반웰은 블레이크의 얼굴을 뚫어지게 쳐다보더니 입을 열었다. "방금 당신이 누군지 알았어요. 블레이크 브라운이군요." 그녀가 말했다.

"네, 맞습니다. 제가 뭘 놓친 게 있나요?"

"당신 아버지가 제프 브라운이시죠?"

"네, 맞습니다. 제 아버지를 아시나요?"

"대학을 졸업하고 첫 직장이 당신 아버지가 계시던 회사였어요."

"정말요? 말도 안 돼요!"

"네, 일한 지 1년 만에 해고당했지만요."

블레이크는 다음에 무슨 말을 해야 할지 몰라서 아무 말도 하지 않았다.

"신문에서 아버님의 부고 소식을 봤어요. 하지만 지금까지 당신이 그의 아들이라는 사실을 전혀 모르고 있었어요. 아버님을 닮아가려면 정말 열심히 해야겠네요."

"알고 있습니다. 하지만 저는 아버지를 닮아가려고 노력하지 않을 겁니다."

"무슨 뜻이죠?"

"아버지는 훌륭한 분이셨고 훌륭한 리더셨죠. 아버지가 저지른 유일한 실수는 팀장님을 해고한 것이에요." 블레이크가 쓸쓸한 미소를 지으며 말했다. "저는 제 아버지가 될 수 없고, 그렇게 되려고 노력하지 않을 겁니다. 하지만 저는 될 수 있는 최고의 제가 되기 위해 노력해 왔어요."

이것은 미리 연습한 것은 아니었다. 진심에서 우러나온 말이었다. 블레이크는 이전에는 자신에게조차 하지 않았던 말을 하고 있었다. 솔직히 말해서 어색한 순간이었다.

"여기서 두 가지만 말할게요. '내가 될 수 있는 최고의 나'라는 말은 아버님이 하셨을 법한 말로 들리네요. 그리고 나를 해고한 건 실수가 아니었어요. 아버님 일은 유감이에요. 그 분은 좋은 분이셨어요."

"어머님 일도 유감입니다. 꼭 찾아뵈세요. 오늘 시간 내주셔서 감사합니다. 조만간 다시 얘기할 수 있기를 바랍니다." 블레이크가 말했다.

자 신 의

세 계

펼 치 기

블레이크는 데비와의 다음 만남을 준비하면서 다시금 그 느낌, 즉 모든 것이 잘될 것 같은 느낌이 들었다. 상황은 힘들었지만 그는 낙천적인 사람이었다. 다행히 그의 팀은 더 이상 고객을 잃지 않았고, 샘은 여전히 그의 트레이닝 파트너였으며, 아직 해고되지도 않았다. 새로 구성된 TFT 역시 팀워크가 어느 정도 진전되고 있었다. 어쩌면 이 모든 것이 샘의 활기찬 기질 덕분이었는지도 모른다. 블레이크는 뭔가 다른 좋은 일이 일어나고 있다고 느꼈지만, 정확히 무엇인지는 말할 수 없었다.

데비와 만나기로 한 날, 데비가 카페에 도착했을 때, 블레이크는 이미 테이블에 앉아 손에 노트를 들고 있었다. 블레이크는 할 일이 너무 많아서 지금 당장 더 이상의 성장 기회를 감당하기 버거울 것 같았지만, 호기심이 발동했다. 그는 GROW의

약자를 통해 리더가 성장을 촉진할 수 있는 두 가지 방법이 더 있다는 것을 알았고, 그것이 무엇인지 궁금했다.

"어떻게 지냈어요?" 데비가 물었다.

"아주 잘 지내고 있어요." 블레이크가 대답했다.

"그래요?"

"네, 모든 게 좋아요." 블레이크는 자신이 긍정적으로 생각하는 이유에 대해 최선을 다해 설명했다.

블레이크의 소식을 들은 데비가 말했다. "정말 기뻐요."

"혹시 제가 미처 생각하지 못한 게 있나요? 우리 팀에 대해 더 고민해야 할 것 같아서요." 블레이크가 물었다.

"당신이 성장하고 있다는 사실이 직장에서의 만족감을 높이는 것 같네요." 데비가 말했다.

"맞아요, 저는 지금 성장하고 있어요." 블레이크가 대답했다.

그 후 15분 동안 데비에게 여러 부서로 구성된 TFT 팀원들과 진행하고 있는 인터뷰에 대해 이야기했다.

"이런 일들은 '지식을 습득'하고, '다른 사람에게 다가갈 수 있는' 훌륭한 기회죠." 데비가 말했다.

"그럼, 그다음은 무엇인가요?" 블레이크가 노트를 펼치며 물었다.

"우선 복습부터 해야죠." 데비가 말했다.

블레이크는 미소를 지으며, 노트에 꺼 두었던 냅킨을 꺼냈다.

"액자에 넣을 줄 알았어요." 데비가 웃으며 말했다.

"이야기를 다 듣기 전까지는 안 돼요."

"좋아요, 원한다면…." 데비가 이야기를 시작했다.

블레이크가 냅킨에 적힌 글을 읽으며 데비가 말하는 중간에 끼어들었다. "훌륭한 리더가 되려면, '지식을 습득'하고 '다른 사람에게 다가가야 한다'."

"지금까지 출발이 좋아요." 데비가 덧붙였다.

"감사합니다! 정말 할 일이 너무 많아요, 특히 제 본업 말고도 부가적으로 이 모든 것을 생각해야 하니 더욱 그래요."

"블레이크." 데비의 말투와 눈빛이 평소보다 더 진지해졌다.

"네, 데비 씨? 무슨 문제라도 있나요?"

"잘 들어요, 방금 막 시작하는 신입 리더뿐만 아니라 모든 연령대의 많은 리더들이 빠지기 쉬운 함정에 대해 말했어요."

"제가 뭐라고 했죠?" 블레이크가 물었다. 그는 그녀의 말에 집중했다.

"성장을 절대로 부수적인 활동이라고 생각하지 마세요. 훌륭한 리더에게 성장은 숨 쉬는 것과 같아요. 선택 사항이 아니에요. 본업에 부가적으로 하는 일이 아니지요. 성장은 자신의 본업에 핵심입니다. 훌륭한 리더는 항상 배우는 사람이에요.

그 방식은 리더마다 다르지만 선택 사항이 아니지요. 다행히 메모를 잘하고 있어서 좋네요. 제가 리더로서 공유할 수 있는 가장 가치 있는 생각 중 하나를 알려주고 싶어요."

블레이크는 데비가 매우 열정적으로 이야기하는 모습에 여전히 약간 당황한 표정으로 말했다. "뭔가 엄청난 이야기일 것 같은데요?" 그는 허둥지둥 손에 펜을 쥐었다. "좋아요, 이제 준비됐어요."

"리더로서의 역량을 결정하는 건 바로 성장 능력입니다. 업무에 너무 바빠서 성장하지 못하면 영향력과 리더십이 정체될 것이고, 결국에는 사라져버릴 거예요."

"감사합니다." 블레이크가 수줍게 말했다. "저는 그냥 직장에서 얼마나 많은 일이 벌어지고 있는지에 대해 언급했을 뿐입니다. 하지만 이런 충고는 정말 고맙습니다."

"이 문제에 대해 내가 왜 이토록 열정적으로 말하고 있는지를 먼저 설명해야 할 것 같아요. 최근 우리 회사에서는 여러 차례 해고를 했어요."

"그게 이 대화와 정확히 무슨 관련이 있나요?"

"그들은 모두 리더였어요."

"왜 해고되었나요?"

업무에 너무 바빠서 성장하지 못하면,
영향력과 리더십이 정체되고,
결국에는 사라져버릴 것이다.

"그들은 비즈니스와 함께 성장하지 못했지요. 저도 오늘 누군가를 해고해야 하는 그런 회의에 참석했어요. 그냥 마음이 무거웠죠. 우리가 해고 소식을 전하자, 그 남자 직원이 눈물을 흘리더군요."

"그분은 회사에 얼마나 오래 근무했나요?" 블레이크는 궁금했다.

"14년이요."

"우와, 경험이 정말 많겠네요."

"아니요, 근무 기간만 길었죠. 그는 배우고 성장하지 않았기 때문에 입사 첫 해 했던 업무를 14번이나 반복했을 뿐이었어요. 과거의 성공과 과거의 지식에만 의존하기에는 세상이 너무 빠르게 변화하고 있잖아요. 그래서 리더는 계속 성장해야 하는 겁니다." 데비가 말했다.

"저는 이 일을 시작한 지 3개월밖에 되지 않았지만, 그 사실은 분명히 알고 있습니다. 바로 그 점이 우리를 곤경에 빠뜨린 겁니다. 고객들의 요구와 기대에 대한 이해가 성장하지 못했기 때문이죠. 프로세스와 시스템도 마찬가지였어요. 그건 리더들이 성장하지 못했기 때문이라고 생각합니다." 블레이크가 말했다.

"당신 말이 맞아요. 또 어떤 결론에 도달했나요?" 데비가 물었다.

"아직 우리는 업무를 끝내지는 못했지만, 이 대화를 기반으로 볼 때 이 혼란에서 벗어나는 길은 성장이라고 생각합니다. 월요일 아침에 팀 회의가 있어요. 회의 내용도 계속 알려드릴게요. 하지만 지금은 성장의 다음 단계가 무엇인지 궁금해요."

"리더로서 계속 성장하려면 자신의 세계를 펼쳐야 해요. 이건 직장과 직장 밖에서 모두 해당되는 말입니다." 그녀는 냅킨

훌륭한 리더가 되기 위해 꼭 해야 할 것

Gain knowledge(지식 습득하기)

Reach out to others(다른 사람에게 다가가기)

Open your world(자신의 세계 펼치기)

W

에 다음과 같이 덧붙였다.

"'자신의 세계 펼치기!' 무슨 뜻인가요?" 블레이크가 물었다.

"무슨 뜻일 것 같아요?" 데비가 물었다.

"잘 모르겠어요." 블레이크가 대답했다.

"한번 생각해봐요." 데비가 권유했다.

"알겠습니다. 세상은 넓잖아요. 세계 여행을 하면 제 세계를 넓힐 수 있을 것 같은데요, 그렇죠?" 블레이크가 조심스레 말했다.

"그렇게 하는 것도 한 방법이죠."

"하지만 당신이 생각하고 있는 것과는 분명히 다른 것 같은데요." 블레이크는 데비가 보다 거창한 생각을 가지고 있다는 것을 알 수 있었다.

"이 개념의 핵심은 이렇습니다. 리더십 경험과 인생 경험을 통해 자신의 세계를 열고 펼치면, 리더로서 훨씬 더 많은 가치를 더할 수 있다는 것이죠."

"그렇다면 리더의 직위가 아닌 새로운 직업을 가진 청년으로서 이 개념은 제게 어떤 의미일까요?"

"시간이 지남에 따라 더 나은 리더가 될 수 있도록 업무 안팎에서 경험을 쌓아야 한다는 뜻이에요."

"'시간이 지남에 따라'라는 부분이 좀 이해가 가지 않네요."

블레이크는 이 말이 리더로서의 성장과 어떻게 연결되는지 여전히 잘 몰랐다.

"비유를 하나 들어볼게요. 아버님이 제게 당신 어머니가 예술가라고 말씀하셨던 것이 기억나네요."

"맞아요. 어머니는 그림을 그리세요."

"어머님은 그림을 그릴 때 팔레트를 사용하고, 그 팔레트 위에 물감을 올려놓으시죠. 그림을 그리기 전에 이 작업을 먼저 하시죠."

"네, 그런 것 같아요. 순서에 대해 생각해본 적은 없지만요. 저는 완성된 그림을 즐길 뿐이죠."

"좋아요. 내가 하고 싶은 말이 바로 그거예요. 리더의 삶은 그 사람의 팔레트입니다. 우리가 가진 경험은 어머님이 팔레트 위에 올려놓은 색과 같아요. 팔레트에 색이 많으면 많을수록 그림에 더 많은 색을 사용할 수 있어요. 리더도 마찬가지예요."

"이제 무슨 말인지 알 것 같아요. 삶과 직장에서 더 많은 경험을 하면 할수록 더 많은 색을 마음대로 사용할 수 있다는 뜻이죠."

"그래요, 맞아요. 가진 색이 많으면 많을수록 삶과 직장에서 걸작을 만들 가능성도 높아집니다. 그리고 사람들은 어머님이 몇 시간, 며칠 또는 몇 주 동안 그림을 그린다는 것은 생각하지 않고, 그저 완성된 작품을 즐길 뿐이죠. 리더의 경우도 마찬가지로, 사람들은 리더의 이면 활동은 거의 보지 않고 오직 성과만 봅니다. 그렇기 때문에 리더로서 성장하고 싶으면, 지식을 쌓고 다른 사람들에게 다가가는 것 말고도 자신의 세계를 펼쳐야 해요." 데비가 말했다.

"알겠어요. 개념적으로는 이해가 됩니다. 그럼 제가 뭘 하면 될까요?"

"직장에서 당신의 세계부터 시작해보죠. 그곳에서 무엇을 할 수 있을지 고민해봅시다." 데비가 말했다.

20분 뒤 데비와 블레이크는 다음과 같은 목록을 만들었다.

직장에서 자신의 세계를 펼치는 방법
- 다른 부서나 팀의 누군가와 함께 지내며 배운다.
- 고객 센터에서 하루 또는 그 이상 근무한다.
- 고객의 통화를 청취한다.
- 회사의 고위직 리더들과 함께 출장을 다녀온다.
- 여러 부서로 구성된 팀에서 일한다.
- 최고의 성과자로부터 모범 사례를 수집한다.

- 최근 퇴직자를 인터뷰하고, 현재 문제에 대한 조언을 구한다.
- 새로운 공장의 기공식에 참석한다.
- 자료실에서 지난 10년 동안의 프레젠테이션을 살핀다.
- 다른 부서의 리더들과 만나 그들의 현안을 파악한다.
- 매일 새로운 사람과 점심식사를 같이한다. 그들과 한 번씩 점심식사를 다 했으면, 다시 시작해서 또 점심식사를 함께 한다.
- 가장 성공적인 사업장을 방문한다.
- 다른 부서로부터 멘토(공식 또는 비공식)를 찾는다.
- 회사의 핵심 가치를 가장 잘 구현하는 사람에게 조언을 구하고, 적극적으로 함께 시간을 보낸다.
- 시야를 넓힐 수 있는 공개 교육 이벤트에 참석한다.
- 프로젝트팀, 비정기 모임, 업무팀, 기금 모금 캠페인, 사내 피트니스 활동, 부서 미팅, 사내 헌혈 캠페인, 지속적인 개선을 위한 팀, 크리스마스 파티 등 무엇이든 주도한다. 다른 무엇보다 리더십을 통해 더 많은 것을 배울 수 있는 좋은 기회가 될 것이다.

"알았어요. 이 일이 조금 더 어려워질 거라는 말씀이 이제 이해가 되네요. 이런 일을 하면서도 지식을 습득하고 다른 사람에게 다가가기 위해 노력해야 한다는 뜻이겠죠."

"맞아요. 하지만 장기적으로 이 일을 해야 한다는 점을 기억하세요. 당신은 앞으로 50년 동안 직장생활을 해야 해요. 우리가 논의한 것들은 목록에서 확인하고 실행한 후 끝내는 활동이 아닙니다. 리더로서 성장하는 방법에 대한 전체 개념은 끝없는 여정이라는 말로 가장 잘 표현할 수 있어요. 평생 리더가 되고 싶나요? 그러면 절대 끝내려고 하면 안 돼요. 리더로서 성장을 마쳤다고 생각하면, 그건 리더로서 끝난 겁니다."

"알겠습니다." 블레이크가 말했다.

"그런데 우리는 직장 밖에서 자신의 세계를 여는 방법에 대해서는 이야기하지 않았어요. 그런 경험은 당신의 리더십 팔레트에도 색을 입혀줄 거예요." 데비가 말했다.

"그 이야기할 시간이 없었잖아요." 블레이크는 방금 작성한 목록을 보며 데비에게 옅은 미소를 지었다. "그러면 직장 밖에선 어떤 일들을 할 수 있나요?"

"생각을 돕기 위해 목록을 만들어보죠. 내가 목록 하나를 작성하면, 당신이 다음 목록을 작성하는 식으로요. 서로 번갈아서 노트에 목록을 작성하면 되겠네요."

"알겠습니다." 블레이크가 말했다.

"여행." 데비가 먼저 목록 작성을 시작했다. "여행은 당신의 세계를 펼치는 아주 훌륭한 방법이죠." 블레이크는 데비의 말에 완전히 공감했다. 대학교 시절, 한 학기 동안 경험한 해외 유학 생활은 그의 인생을 바꾼 경험이었기 때문이다.

"당신 차례예요." 데비가 말했다.

"자원봉사." 블레이크가 제안했다.

"좋아요. 취미는 어때요? 특히 새로운 취미요."

"어떤 의미인지 조금 더 구체적으로 알려주실래요?" 블레이크는 적으면서 물었다.

"새로운 취미를 가지게 되면, 가장 먼저 하는 일이 뭐죠?"

블레이크는 간단한 질문 하나만으로도 데비가 무슨 말을 하고 싶은지 알았다. "새로운 세계에 대해 가능한 한 모든 것을 공부하고 배우죠. 즉, 성장하게 되죠."

"맞아요. 또 뭐가 있을까요?"

이번에도 몇 분 만에 그들은 상당한 양의 목록을 만들었다.

직장 밖에서 자신의 세계를 펼치는 법
- 여행
- 자원봉사
- 취미

134

- 외국어
- 흥미로운 사람들과 시간 보내기
- 업계와 리더십과 관련된 도서 이외의 폭넓은 독서
- 홈 프로젝트 - 자신의 컴포트 존 벗어나기
- 자신과 관련 없는 분야의 멘토와 교류
- 예술 체험 - 박물관, 연극, 콘서트 관람
- 지역 정치인을 위한 캠페인
- 스카이다이빙, 급류타기, 래프팅, 스쿠버다이빙, 등산, 열기구 타기 등과 같은 모험

"정말 놀라운 목록이네요." 블레이크가 말했다.

"하지만 더 놀라운 건 이러한 라이프스타일이 리더에게 미치는 영향이에요. 직장 안팎에서 자신의 세계를 펼치기로 한 리더는 엄청난 혜택을 누릴 수 있거든요."

"그럴 것 같긴 한데, 어떤 이점이 있는지 몇 가지 예를 들어주세요." 블레이크가 말했다.

"리더로서 의식적으로 자신의 세계를 펼치기로 결심하면, 당신은 더 창의적이고 더 성취감을 느낄 수 있어요. 당신이 속한 조직에 더 많은 기여를 할 수 있고요. 그리고 지루할 틈도 거의 없죠."

"이 목록을 잘 보관해 두었다가 이 중 몇 가지를 제 일상생활에서 어떻게 접목할 수 있을지 생각해볼게요. 도와주셔서 감사합니다. 지금 저와 나눈 내용들은 학교에서도 전혀 배운 적 없는 것들입니다." 블레이크가 말했다.

"알고 있어요. 도움이 되어 기뻐요. 이 개념들을 행동으로 옮기면서 당신의 세계가 펼쳐지는 것을 지켜보는 건 정말 즐거운 일이 될 거예요." 데비가 말했다.

실 행

계 획

**팀**의 서비스가 개선되었고, 적어도 진전을 이루고 있다고 느꼈다. 마침내 인터뷰가 완료되었다. 팀원들은 고객의 기대치에 대해 많은 것을 배웠다는 데 동의했다. 더 나은 서비스를 위한 몇 가지 제안 사항도 파악했다. 이제 그들은 다음에 무엇을 해야 할지 고민해야 했다. TFT가 구성되었을 때, 아무도 다음 단계에 대해 생각하지 않았다. 이 팀에는 변화를 주도할 권한이 없었고, 제안 사항만 제시할 수 있었기 때문이다. 그리고 문제는 매우 다양한 부서에 걸쳐 있었기 때문에 해결책도 마찬가지였다. 샘은 팀을 소집해 짧은 시간 내에 인터뷰를 완료하기 위해 노력해준 모든 팀원에게 감사의 인사를 전했다.

"오늘은 이 프로젝트의 다음 단계에 대해 논의해야 합니다." 샘이 말했다.

이 말을 시작으로 다음 단계에 대한 열띤 대화가 시작되었다. 아이디어는 터무니없는 것부터 매우 평범한 것까지 다양했다. 하지만 팀원들이 더 오래 이야기하면 할수록 의견의 합의가 더 안 되는 것 같았다. 블레이크는 이 모든 과정을 경청하고 메모하면서 조용히 자리에 있었다. 그는 짧은 기간 동안 다이내스타에서 근무하면서 경청과 메모, 이 두 가지에 능숙해졌음을 느꼈다.

약 90분이 지나고, 샘이 블레이크를 쳐다보며 말했다. "우리가 놓치고 있는 게 뭘까요? 당신은 신입이니까 새로운 시각으로 이 문제를 바라볼 수 있을 거라 생각합니다."

"제가 아직 신입이라서 잘 모르는 부분이 있을 수 있지만, 몇 가지를 고려해봐야 할 것 같습니다." 블레이크가 말을 꺼내기 시작했다. 그는 계속 말해도 괜찮을지 확인하기 위해 회의실을 둘러보았다. 그는 사람들이 자신의 말에 집중하는 것 같아서 깜짝 놀랐다.

"먼저 조사결과를 요약하는 것부터 시작하면 어떨까요? 우리는 조사를 통해 적어도 백 가지 이상 배웠지만, 그 중요도가 모두 똑같지는 않죠. 우리가 배운 주요 교훈을 다섯 가지 또는 열 가지로 정리해보면 어떨까요?"

"그건 우리에게 어떤 도움이 됩니까?" 팀의 한 고참이 물었다.

샘이 끼어들었다. "집중력을 높일 수 있고 추진력을 얻을 수 있을 겁니다. 한꺼번에 백 가지를 다룰 수는 없으니까요. 다뤄서도 안 되고요. 나는 짧게 목록을 만들자는 생각이 마음에 듭니다. 블레이크, 다른 의견은요?"

샘이 그의 아이디어를 지지해주자, 블레이크에 대한 신뢰도가 더 높아졌다.

"두 번째로 각각의 중요 쟁점들에 대해 몇 가지 제안 사항을 만드는 겁니다. 궁극적인 해결책은 우리가 알 수 없지만, 건설적인 다음 단계는 제시할 수 있을 거라 생각합니다." 블레이크는 이것이 합리적이라고 생각했다. 그는 아버지가 문제에 대한 해결책을 제시하는 리더를 얼마나 높이 평가하는지에 대해 이야기했던 것을 기억하고 있었다.

"블레이크, 당신이 우리가 해야 할 일의 핵심을 파악한 것 같아요. 너무 많은 것을 쫓다 보니, 오히려 목표에 도달하는 데 어려움을 겪었던 것 같아요. 고마워요!" 샘이 이어서 말했다. "인터뷰를 통해 얻은 교훈들을 파악하는 것부터 시작해봅시다. 그런 다음 목록에서 우선순위를 정해봅시다. 그리고 목록이 훨씬 짧아지면, 그다음 단계를 위한 제안 사항에 집중하기로 합시다."

전체적으로 회의 내용이 매우 생산적이었다. 작업을 끝내지는 못했지만 큰 진전을 이루었다. 누가 언제까지 무엇을 할 것 인지에 대한 합의가 이루어졌고, 다음 회의 일정도 잡았다.

"좋아요. 이 미팅은…." 샘이 말했다.

"샘, 말을 끊어서 미안해요. 질문이 하나 더 있어요." 블레이크가 말했다.

"그게 뭔데요, 블레이크?"

"누구를 위해 이 프레젠테이션을 만드는 건가요?"

"훌륭한 질문이에요. 다들 어떻게 생각해요?" 샘이 팀원들을 쳐다보며 물었다.

회의실 안은 조용했다. 마치 그 순간까지 아무도 그 질문을 생각해본 적이 없는 것 같았다.

"블레이크, 당신은 누구를 위해 이 프레젠테이션을 해야 한다고 생각하나요?" 한 팀원이 물었다.

"글쎄요, 하지만 누구를 위한 것인지에 따라 조사결과와 제안 사항을 발표하는 방식에 영향을 미칠 것 같아요." 블레이크가 대답했다. 모두가 고개를 끄덕였다.

"실행 목록에 그 내용을 추가해봅시다. 조사결과를 누구에게 발표해야 할 것인지 모두 생각해봅시다. 다시 한번 감사해요, 블레이크. 좋은 아이디어였어요. 이상, 회의를 마칠게요."

회의가 끝나자, 샘이 블레이크에게 다가와 말했다. "오늘 정말 대단했어요. 우리를 궁지에서 구해줬어요. 허우적거리고 있었는데 말이죠. 고마워요!"

"도움을 드릴 수 있어서 기뻐요. 제가 성장할 수 있도록 많은 노력을 기울여주셔서 감사합니다."

"그게 제 일인걸요."

"저는 그렇게 생각하지 않습니다. 필요 이상으로 훨씬 더 많은 일을 해주셨어요. 왜 그러셨나요?" 블레이크가 정중하게 말했다.

"글쎄요." 샘이 말했다.

"알고 계실 것 같은데요." 블레이크가 좀 더 밀어붙였다.

"아마도 그랬을지도요."

"'아마도'라니 무슨 의미인가요?" 블레이크가 물었다.

"아마도 내가 왜 당신에게 조금 더 노력을 기울이는지 알 것 같다고요." 샘이 대답했다.

"왜죠?" 블레이크는 대답을 잠시 기다렸다.

"내 생각에는 두 가지 이유 같아요. 당신을 돕는 것이… 곧 나를 돕는 겁니다. 내가 당신을 도울 수 있으려면, 내가 최고의 실력을 발휘해야 하거든요."

"또 다른 이유도 있나요?"

"그래요. 몇 년 전에 누군가 나를 도와준 적이 있어서 항상 감사한 마음을 가지고 있었어요. 그 은혜를 갚으려는 것 같아요."

당신을 돕는 것이… 곧 나를 돕는 것이다.

"고마워요, 샘! 제가 뭘 도와드리면 될까요?"

"이미 돕고 있잖아요. 오늘 정말 도움이 많이 되었어요. 이 팀이 성공하면, 제 첫사랑인 영업에 정말 집중할 수 있을 것 같아요." 샘의 감사하는 마음이 확실히 느껴졌다.

"저 역시 TFT에 합류하게 해주셔서 감사합니다."

블레이크가 자리를 떠나자, 샘은 그를 부르며 말했다.

"당신이 해줘야 할 일이 하나 더 있어요."

"그게 뭔가요?"

"다른 누군가를 도와주는 일이요. 언젠가는 당신도 어떤 신입의 좋은 출발을 위해 도울 날이 올 겁니다. 그때 나를 대신해서 시간을 투자해주세요."

"기대하셔도 좋습니다." 블레이크가 활짝 웃으며 말했다. 다른 사람의 성장을 도우라는 데비의 격려가 그 순간 그의 머릿속에서 가장 먼저 떠올랐다. "나중에 점심식사 같이 해요."

"좋아요, 지금 어디 가요?" 샘이 물었다.

"팀장님 만나러 갑니다."

"그녀가 연락했었나요? 난 못 들었는데."

"아니요. 이 프레젠테이션이 누구를 위한 것인지, 그녀에게 조언을 구하려고요."

샘은 믿기지 않는다는 듯 고개를 저었다. "용감하군. 제발 해 고당하지 말아요."

블레이크는 크리스티를 찾아갔다. 그는 그녀에게 15분간 반 웰과의 미팅을 요청했다.

"너무 긴데요. 그녀는 짧은 미팅을 좋아하잖아요." 크리스티 가 말했다.

블레이크는 크리스티가 농담하는 것이길 바랐지만, 몇 차례 반웰을 만난 적이 있는 그로서는 그녀가 농담하고 있는 것이 아니라는 것을 잘 알고 있었다.

"왜 만나고 싶은지 물어보실 거예요." 크리스티가 계속 말 했다.

"두 가지 현안이 있다고 전해주세요. 하나는 TFT의 프로젝 트에 대해 그녀의 조언을 구하려고 하는 것이고, 두 번째는 개 인적인 문제입니다."

"알았어요, 물어볼게요. 하지만 이번 주에는 아무것도 기대하지 마세요. 아니, 다시 말하죠. 아무것도 기대하지 말아요."

"고마워요, 크리스티! 기꺼이 도와주셔서 감사합니다."

약 1시간 뒤 크리스티로부터 전화가 왔다. "믿기지 않겠지만 팀장님이 내일 2시에 보자고 하셨어요."

"당신이 도와주실 줄 알았습니다. 감사합니다!"

다음 날 블레이크는 반웰을 만나러 갔다. 그녀의 방에 들어섰을 때, 그는 앉지 않고 서서 말했다. "오늘 몇 분 동안 시간을 내주셔서 감사합니다."

"앉아요." 반웰이 말했다.

"그랜트 씨한테 듣기로, 개인적인 문제로 얘기하고 싶은 게 있다던데. 그만두는 건가요?"

"아니요. 제가 언급했던 개인적인 문제는 제가 아니라 팀장님에 관한 것입니다." 블레이크가 웃으며 말했다.

"나에 관한 거라고요?" 반웰이 물었다.

"어머님이 어떠신지 알고 싶었어요. 그랜트 씨에게 말을 못 한 이유는 팀장님이 그녀에게 어머님 이야기를 하셨는지 아닌지 몰라서요."

"아, 그랬군요." 그녀는 자세를 바꾸고 고개를 숙였다.

"아니, 아무한테도 말 안 했어요…. 당신은요?" 그녀는 블레이크를 뚫어지게 쳐다보았다.

"저도요. 아무에게도 말하지 않았습니다."

"잘했네요."

"어머님은 좀 어떠세요?"

"아직 살아 계세요."

"어머님을 만나뵈었나요?"

"아니요, 아직요. 좋은 때를 찾고 있어요."

"제가 너무 당돌한 것 같아서 죄송하지만, 지금이 바로 그때입니다. 일주일 휴가를 내고 오늘 당장 비행기를 타십시오. 왜 망설이시는 겁니까?" 블레이크가 단호하게 말했다.

"전 뵙고 싶지 않아요." 반웰은 중간에 말을 멈췄다.

"어머님의 임종을 보는 거요?" 블레이크가 반웰의 문장을 마무리하며 물었다.

"어머니의 죽음을 감당할 준비가 안 되었어요." 반웰이 고백했다.

"제가 팀장님이라면 더 큰 두려움을 느꼈을 것입니다."

"그게 뭐죠?"

"더 큰 두려움은 어머님을 보지 못한 채 어머님이 돌아가시는 거요. 그러면 계속 후회로 남습니다." 블레이크는 아버지에게 하고 싶은 말을 하지 못해 마음이 아팠다.

"알겠어요. 당신의 조언을 생각해볼게요. 그리고 오늘 말하고 싶은 다른 안건은 뭐죠?"

"이에 비하면 그다지 중요한 내용은 아니지만, 팀장님의 조언이 필요합니다." 블레이크는 재빨리 팀이 현재 어느 단계에 와 있는지 공유했다. "이 프레젠테이션을 누구를 대상으로 해야 할까요?" 그가 물었다.

"그건 간단해요. 두 부류의 청중이 있죠." 반웰이 주저 없이 바로 대답했다.

"받아 적을게요."

"첫째는 임원진, 즉 스미스 사장님과 사장님의 직속 보고자들이에요. 여러분의 제안 사항을 어떻게 활용할지 결정하는 분들이죠. 그들은 단기적 청중*이죠."

"네? 단기적 청중, 장기적 청중**이 있는 줄은 몰랐습니다." 블레이크가 솔직히 말했다.

"우리는 '우리가 어떻게 이런 상황에 처하게 되었는가'라는 근본적인 질문에 답해야 한다고 생각해요."

"어떻게 답해야 할지 알 것 같아요."

---

* **단기적 청중** | 프레젠테이션을 최우선적으로 먼저 해야 할 대상으로, 제안 사항이 근시일 내에 실행될 수 있도록 결정하고 추진할 수 있는 임원진을 뜻함.
** **장기적 청중** | 프레젠테이션을 최우선적으로 먼저 해야 하는 대상은 아니지만, 근시일 내에 임원진에 의해 실행사항들이 결정되면 중·장기적으로 현업에서 지속적으로 실행에 옮길 수 있도록 프레젠테이션을 할 필요가 있는 조직 내의 리더들을 뜻함.

"정말요?" 반웰이 놀란 표정을 지었다.

"팀에서 논의한 적은 없지만, 우리가 어떻게 답을 할지 알 것 같습니다."

"어떻게 답할 건데요?" 반웰이 대답을 기다렸다.

"우리는 리더로서, 그리고 조직으로서 성장하는 데 실패했다고 생각합니다." 블레이크가 말했다.

"흥미로운 관점이네요."

"성장의 일부는 고객의 의견을 경청하고 응답하며 업계의 변화를 인식하는 것이라 생각합니다. 그런데 우리는 이 두 가지를 잘 해내지 못했어요."

"정말 도움이 되는 말이네요, 명확하고요."

"명확하다고요?" 블레이크가 물었다.

"그래요. 장기적인 청중에 대한 내 직감을 확인시켜 준 셈이죠. 팀의 조사결과, 특히 우리가 어떻게 이 지경에 이르렀는지를 회사의 모든 리더들과 공유해야 해요. 고객과의 소통을 단절시켰던 사고방식과 앞으로 이런 일을 방지하기 위해 필요한 관행들을 그들에게 가르쳐야 합니다."

"이건 가르칠 수 있는 내용인 것 같습니다. 팀장님 의견 감사합니다." 블레이크가 자리에서 일어나며 말했다. "오늘 제가 팀장님을 도와드릴 일이 있을까요?"

"첫 만남에서 이야기한 대로, 나를 잘 참아내고 성과를 내면 됩니다." 그녀는 피곤하다는 듯 미소를 지었다.

"어머님을 꼭 뵈러 가세요. 오늘이요."

블레이크는 돌아서서 방 밖으로 나왔다. 자신이 방금 반웰과 결론을 냈다는 것을 깨달았다. 극히 드문 일일 듯싶었다. 그는 이것은 곧 그녀가 자신의 말을 경청하고 있다는 의미이기를 바랐다.

지 혜 를

향 해

나 아 가 기

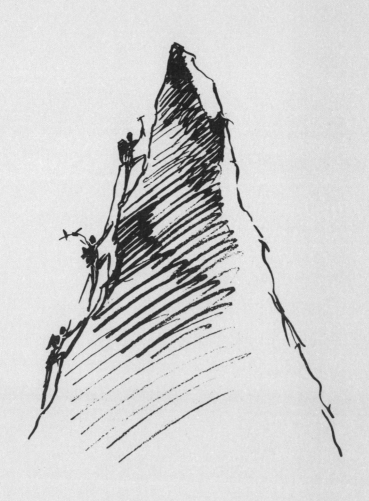

**데**비와 블레이크는 늘 보던 카페에서 만나기로 약속했다. 하지만 블레이크는 평소보다 좀 늦게 만나도 괜찮은지 물었고, 데비는 흔쾌히 수락했다.

이번에는 데비가 먼저 도착했다. 블레이크는 서둘러 카페 안으로 들어왔다. 5분 일찍 도착했지만, 왠지 늦은 것 같았다.

"죄송해요, 늦었어요." 블레이크는 인사도 하기 전에 이 말부터 했다. 그는 거의 숨이 넘어갈 지경이었다.

"어서 오세요, 블레이크. 안 늦었어요." 데비가 말했다.

"약속 시간에 아슬아슬할 줄 알았어요. 오늘 저녁에 회의가 있었거든요."

"그건 좀 이해가 안 되네요. 왜 이렇게 늦게 회의를 했나요?" 데비가 물었다.

"아, 회사에서 진행한 회의가 아니었어요. GROW의 몇 가지 개념을 업무 외적으로 적용할 수 있는 방법을 찾아보기로 결심했어요."

"그거 잘됐네요! 어떻게 하기로 했나요?" 데비가 미소를 지으며 물었다.

"아시다시피 저는 꽤 바빴어요. 하지만 그걸 핑계 삼고 싶지 않았어요. 그래서 메모한 노트를 검토하면서, 여러 가지 일을 할 수 있는 방법을 찾기 시작했어요."

"리더십 개발과 관련해서 그런 일을 찾고 있었다고요?"

"네, 저는 저의 존재와 제 열정에 맞는 방식으로 다른 사람에게 다가가고 싶었어요. 제 강점과 열정에 대해 이야기한 것 기억나세요?"

"그럼요. 기억나요."

"제가 항상 즐거워하는 것 중 하나는 아이들과 함께 일하는 거예요."

"네, 기억나요. 고등학교 여름방학 동안 캠프 상담사로 일했다고 했죠?"

"맞아요. 그럼 이제부터 하나씩 연결해보세요. 저는 아이들을 사랑해요. 리더가 성장하는 방법 중 하나는 다양한 문화 경험을 통해서입니다. 또한 리더는 다른 사람의 성장을 도우면서 자신도 성장하지요. 이 모든 것을 결합하면 무엇을 추론해볼 수 있을까요?" 블레이크가 물었다.

 "정말 너무 궁금하네요." 데비가 말했다.

 "저는 아시아에서 온 한 아이를 가르치기로 했고, 그에게 제 2외국어로 영어를 가르치고 있어요."

 "대단하네요! 정말 자랑스러워요. 생각하는 것보다 더 많은 도움이 될 것 같아요."

 "도움이 될 수도 있고 안 될 수도 있죠. 하지만 그게 제 동기는 아니에요. 저는 정말 다른 사람을 도울 방법을 찾고 있었어요. 샘은 회사에서 저를 정말 많이 도와줘요. 그가 제게도 앞으로 다른 사람이 좋은 출발을 할 수 있도록 도움을 주라고 독려했어요. 저는 나중까지 기다릴 필요가 없다고 결심했어요. 개인적인 혜택도 누릴 수 있겠지만, 저는 데시를 위해 이 일을 하고 있어요. 데시는 제 새 친구의 이름이에요."

 "오늘 데시와 처음 만난 건가요?"

 "맞아요."

 "어땠어요?"

 "도전적이었습니다. 그 아이는 영어를 전혀 못 하거든요. 오늘 밤에는 겨우 '내 이름은 블레이크입니다'라는 의사소통만 했어요." 그가 웃었다.

 "아니에요. 당신은 훨씬 더 중요한 일을 한 거예요. 관심을 갖고 있는 상대와 대화를 시작한 거죠. 앞으로 몇 주, 몇 달 동안 어떻게 진행될지 기대가 되네요. 이 도전을 통해 당신이 어떤 교훈을 배웠는지 다 듣고 싶어요." 데비는 커피 한 모금 들이켜더니 그에게 물었다. "그런데 회사는 어떤가요?"

블레이크는 15분 동안 데비에게 회사의 돌아가는 상황을 알려주었다.

"다른 사람들의 성장을 도울 기회를 찾은 것 같군요. 공식적이든 비공식적이든 여러 가지 가르칠 기회가 있는 것 같아요."

"맞아요." 블레이크의 마음속에는 확실히 자신이 리더로서 성장하고 있는 듯했다. "이제부터 리더가 성장해야 하는 네 번째 영역을 알고 싶어요."

"냅킨 주세요." 데비가 말했다.

블레이크는 노트를 펼치고 이전 만남의 유물을 꺼냈다.

"이게 지금 어떻게 되었는지 아세요?" 블레이크가 물었다.

"어떻게 되었나요?"

"그냥 냅킨이 아니라 보물지도 같아요."

"그 비유가 마음에 드네요. 그런데 근본적인 차이가 있어요." 데비가 말했다.

"보물지도에서는 마지막에 보상이 있어요." 블레이크는 여기서부터 이야기를 이어갔다. "그리고 이 보물은 여정 내내 찾을 수 있죠."

"정확히 맞아요. 리더의 성장은 미래의 여정을 위한 자금이
되는 보물이나 마찬가지예요. 여정 중에 보물을 찾지 못하면
여정은 끝나는 거죠. 그래서 내가 가르치는 내용들은 각 경력
의 리더들에게 모두 적용될 수 있어요."

둘은 데비가 이전에 공유했던 개념을 다시 살펴보고 있었다.
"최고의 리더들이 성장할 수 있는 방법이 하나 더 있어요." 데
비가 말했다. "'지혜를 향해 나아가는 것'이에요." 그녀가 다시
냅킨에 글을 적었다.

**훌륭한 리더가 되기 위해 꼭 해야 할 것**

Gain knowledge(지식 습득하기)

Reach out to others(다른 사람에게 다가가기)

Open your world(자신의 세계 펼치기)

Walk toward wisdom(지혜를 향해 나아가기)

"심오하면서도 죄송하지만, 좀 터무니없는 말 같아요. 저 또
는 다른 리더가 실제로 지혜를 성장시키는 데 영향을 미칠 수

있을까요?"

"물론이죠." 데비가 말했다.

"좀 더 자세히 알고 싶어요." 블레이크는 데비와 논의한 네 가지 개념 중 이것이 가장 이해하기 어렵다는 느낌이 들었다.

"뭐가 궁금하죠? 여기서 어떤 게 궁금한가요?"

"지혜란 성인이나 현자와 같은 특별한 사람에게만 주어지는 것처럼 느껴져요. 하지만 지식을 습득하고, 다른 사람에게 다가가고, 자신의 세상을 펼치면 더 현명해질 수 있다고 생각합니다. 그렇다면 지혜는 저절로 생기는 건가요?"

"지혜는 지식을 습득하고, 다른 사람에게 다가가고, 자신의 세상을 펼치는 과정을 통해 얻을 수 있어요. 그러나 그것은 저절로 생기는 게 아니죠. 블레이크, 지혜를 어떻게 정의하고 있죠?"

"잘 모르겠어요. 좀 생각해봐야겠어요." 블레이크가 생각을 정리하는 동안, 두 사람은 잠시 조용히 앉아 있었다.

"자, 그럼 이제 이야기해볼게요. 지혜란 지식, 기술, 인생의 교훈을 적절한 시기에 적절한 방식으로 적용하는 능력을 말합니다." 블레이크가 말했다.

"꽤 괜찮은 정의네요. 지혜는 지식과는 달라요. 단순한 지식보다 더 심오하죠. 지혜는 해결책이 명확하지 않은데, 올바른 결정을 내리기 위한 상황에서 지식, 분별력, 통찰력, 경험, 판단력을 적용하는 것입니다. 그런데 그렇게 할 수 있는 능력은 저절로 생기는 것은 아니에요. 지혜를 추구하라는 고대 속담도 있지요. 바로 최고의 리더들이 하는 것이죠."

> 지혜는 해결책이 명확하지 않은데,
> 올바른 결정을 내려야 하는 상황에서
> 지식, 분별력, 통찰력, 경험, 판단력을 적용하는 것이다.

"그럼 어떻게 지혜를 추구하나요?" 블레이크가 물었다.

"지혜의 성장에는 정해진 공식은 없지만, 엄격한 자기평가, 정직한 피드백, 다른 사람의 조언, 시간이라는 네 가지 요소 중 적어도 한 가지가 필요합니다."

"이에 대해 생각을 많이 하신 것 같아요." 블레이크가 말했다.

"아주 많이 생각했죠. 그럼 각각의 요소에 대해 간단히 살펴봅시다. '자기평가'는 거울을 보고 자신에게 진실을 말할 수 있는 능력이에요. 당신이 생각하는 진실이 아니라 진짜 진실이요. 나는 무엇을 잘하는가? 나는 어디에서 어려움을 겪고 있는가? 나의 진정한 강점은 무엇인가? 나의 약점은 무엇인가? 어떤 일을 할 때 내가 가장 가치 있는 일을 하고 있다고 생각하는 가? 어떤 일을 할 때 내가 가장 가치 없는 일을 하고 있다고 생각하는가? 소크라테스는 '성찰하지 않는 삶은 살 가치가 없다'고 말했죠. 이처럼 우리가 지혜를 추구할 때 자기평가는 매우 중요한 출발점입니다." 데비가 말했다.

데비가 잠시 말을 멈추자, 블레이크가 말했다. "정말 어려울 것 같아요."

"맞아요. 이것은 리더가 해야 할 일 중에서도 어려운 일이에요. 게다가 조직에서 직급이 올라갈수록 정직하게 자기평가를 하기란 쉽지 않죠."

"왜 그럴까요?" 블레이크가 물었다.

"여러 가지 이유가 있겠지만 두 가지 이유가 바로 떠오르네요. 성공한 리더는 종종 자신의 기사 내용에 현혹되는 경우가 많아요. 자신이 이끄는 기업이 성공하면, 그 성공에 대해 자신의 기여를 과대평가할 수 있어요. 이는 교만과 에고, 그리고 정직한 자기평가를 방해하는 기타 바람직하지 않은 태도들로 이어지게 되죠. 두 번째 이유는 리더가 현실의 일상적인 업무에서 벗어나는 경우가 많기 때문이에요. 일상적인 업무는 리더의 담당 업무가 아니어서 그 결과, 리더는 고립될 수 있어요. 고립은 정직한 자기평가를 어렵게 하죠."

"최근 호텔 체인을 소유한 한 남성에 대해 들은 이야기가 생각나네요. 그는 자기 호텔의 서비스에 대한 불만을 들었어요. 하지만 그는 개인적으로 자기 호텔에서 나쁜 경험을 한 적이 없어서 그 불만이 이해가 안 된다고 말했어요. 분명 그는 고객과 소통이 부족했던 거죠. 이런 이야기를 하고 계신 건가요?" 블레이크가 물었다.

"맞아요." 데비가 말했다.

"그렇다면 리더는 어떻게 객관적인 시각을 유지하고, 솔직하고 엄격하게 자기평가를 할 수 있을까요?" 블레이크가 물었다.

"여기 몇 가지 방법이 있어요. 방금 이야기한 질문들을 주기적으로 스스로에게 물어보세요. 진실을 향해 돌진하는 열추적 미사일처럼요. 그리고 자기평가에만 전적으로 의존하지 마세요. 그것은 엄청난 결과를 가져올 수도 있지만, 실패할 수도 있으니까요."

"그러면 다음 방법이 필요한 것이겠네요?"

"맞아요. 지혜를 추구하는 사람들에게는 자기평가와 더불어 '솔직한 피드백'이 필요해요. 방금 이야기한 것처럼 피드백을 받기가 어려울 때도 있어요. 하지만 보통은 충분히 가능해요. 우리가 지금 이야기하고 있는 유형의 피드백에는 여러 가지 방법이 있답니다. 일부 리더들의 경우에는 그들의 조직이 그들에게 도움을 주기도 하죠."

"어떻게요?" 블레이크가 물었다.

"일부 회사에서는 피드백이 조직 문화로 자리를 잡아서, 피드백은 상사, 동료, 심지어 자신이 이끄는 팀원으로부터도 받을 수 있어요. 다이내스타에서 리더들이 피드백을 받으려면 어떤 지원을 받을 수 있나요?"

"잘 모르겠습니다. 하지만 샘에게 물어볼 수는 있어요." 블레이크가 그렇게 할 것을 다짐하며 말했다. "만약 다이내스타가 피드백을 받을 수 있도록 지원하지 않는다면, 어떻게 하면 좋을까요?"

"상관없어요. 하지만 어떤 방식으로든 피드백은 얻어야 해요. 내가 일을 시작하고, 유지하고, 중단하려면 어떻게 해야 하는지 물어보세요. 이메일이나 대면으로 받을 수 있어요. 간단한 질문만으로도 많은 것을 배울 수 있을 거예요."

"쉬운 방법이네요."

"간단해요. 하지만 쉽지 않을 수도 있어요. 진실을 제대로 말하지 않는 사람이 얼마나 많은지 알면 놀랄 거예요. 다른 사람들로부터 피드백을 받는 것은 큰 도움이 되는 건 맞지만, 지혜를 얻는 데는 충분하지 않아요."

"다행히도 제겐 새로운 카드가 있어요." 블레이크가 말했다.

"그게 뭔데요?"

"저는 사람들에게 다가가서 이렇게 말할 수 있어요. '당신의 도움이 필요해요. 저는 이 회사에 입사한 지 얼마 되지 않았고, 좋은 출발을 하고 싶습니다. 제게 피드백을 좀 주실 수 있을까요? 질문은 단 세 가지입니다. 제가 현재 하고 있지 않은 것 중에서 무엇을 시작해야 할까요? 무엇을 그만해야 할까요? 무엇을 계속해야 할까요?' 이 새로운 카드가 도움이 될 것 같습니다."

"그럴 수도 있어요. 제가 당신이라면 최대한 그 카드를 사용할 거예요. 하지만 엄격한 자기평가와 피드백 외에도 다른 사람의 조언을 구할 필요가 있어요." 데비가 말했다.

"조언과 피드백의 차이점은 뭐죠?"

"좋은 질문이에요! 일반적으로 피드백은 과거에 대한 것이고, 조언은 미래에 대한 것이에요. 조언은 대화 상대방의 경험에서 비롯되는 경우가 많아요. 그래서 상대방의 경험과 지혜로부터 도움을 받을 수 있지요. 리더에게는 피드백과 조언 모두 매우 유용합니다."

"그렇다면 미래에 대해 어떤 내용의 조언을 구해야 할까요?"

"어떤 주제에 대해서든 지혜를 추구해야 해요. 그러니 다른 사람들의 조언을 적극적으로 구하세요."

"어떻게 하면 그렇게 할 수 있죠?" 블레이크는 뭔가 하나라도 더 배우려고 애쓰는 것 같았다.

"다시 말하지만, 공식은 없어요. 하지만 훌륭한 질문을 하는 능력으로 조언을 구하는 기술을 키울 수 있어요."

"예를 좀 들어주실 수 있나요?" 블레이크가 물었다.

"그럼요. 내가 가장 좋아하는 일반적인 질문 몇 가지를 알려줄게요." 그녀가 대답했다.

- 인생에서 어떤 결정이 성공에 가장 큰 기여를 했는가?
- 지금까지의 경력에서 배운 가장 큰 교훈은 무엇인가?
- 지금 알고 있는 것 중에서 '20년, 30년, 40년 전에 알았더라면 좋았을 텐데'라고 생각하는 것은 무엇인가?
- 당신의 삶과 리더십에 가장 큰 영향을 준 책은 무엇인가?
- 당신이 내 코치라면, 내게 어떤 조언을 하겠는가?

데비가 이 질문들을 열거하자, 블레이크는 이를 노트에 적었다.

"집중해서 읽어야 할 내용들이 많네요." 블레이크가 말했다.

"모든 상황에 이 모든 질문이 다 맞는 건 아니에요. 어떤 사람들과는 특정 주제에 대한 명확한 관점을 추구할 수 있을 거예요. 질문은 다른 사람들로부터 지혜를 얻을 수 있는 매우 좋은 방법이지요."

"정말 좋은 말씀이네요." 블레이크가 말했다.

"다른 사람들로부터 지혜를 얻으면 많은 고민을 덜 수 있어요. 혼자서 모든 실수를 저지르지 않아도 된다는 뜻이죠. 그 깨달음만으로도 작은 지혜가 된답니다."

"지혜에 관한 네 번째 요소에 대해서도 말씀해주세요." 블레이크가 말했다.

"네 번째 요소는 시간입니다. 지혜는 몇 달, 몇 년, 몇십 년에 걸쳐 축적되지요. 계속 유지해야 합니다. 지혜를 추구하는 것은 다른 성장 영역과 마찬가지로 끝이 없어요. 그러니 서두르지 말고 지혜를 찾는 노력을 멈추지도 말아야 해요. 우리가 논의한 것들을 실천한다면 시간이 지나면서 지혜도 성장할 거예요." 데비가 말했다.

"우와! 이 대화를 하기 전에는 지혜는 제 관심 밖이었어요. 저는 겨우 스물두 살인데도, 지혜가 제 성장의 일부가 되어야 한다는 것을 알게 되었어요!"

"일찍 시작하면 할수록 지혜를 얻을 수 있는 시간이 더 많아지죠. 그리고 시간이 정말 빨리 가요. 방심하면 최근 우리 회사에서 해고당한 사람처럼 될 수 있어요. 경력이 많다고 지혜가 쌓이는 건 아니니까요." 데비가 말했다.

"경력을 쌓는 동안 많은 도전과 어려움이 있겠죠. 저는 지혜를 향해 나아가는 일을 계속해 나갈 것을 확신합니다. 지혜를 쌓기 위해 부지런히 노력하겠습니다." 블레이크가 말했다.

# 프레젠테이션

첫 번째 프레젠테이션 날이 다가왔다. 블레이크는 반웰이 조언한 단기적인 청중과 장기적인 청중에 대한 생각을 팀원들과 공유했다. 팀원들은 그 발상이 마음에 들었다. 최종 준비를 하면서 실제로 프레젠테이션을 발표할 사람을 결정하기 위해 고심했다. 1시간 동안 장단점을 논의한 끝에 팀은 세 명의 발표자가 진행하기로 결정했다. 샘이 전체적인 배경을 설명하기로 했다. 그런 후 블레이크가 '업계 현황'을 발표하고, 마지막으로 팀의 선임 마케팅 담당자가 팀의 제안 사항을 발표하기로 했다.

블레이크는 단기적인 청중인 임원진에게 발표할 기회를 얻게 되어 영광스러웠다. 블레이크는 이 기회를 지나치게 과시하고 싶지 않았다. 하지만 어떤 측면에서는 자신이 가르침을 주는 것 같은 느낌이 들었다. 그러면서 이것이 자신이 리더로서 성장할 수 있는 엄청난 기회가 될 것임을 깨달았다.

팀은 장기적인 청중, 즉 회사의 모든 리더를 대상으로 하자는 반웰의 아이디어를 제안 사항 중 하나로 제시하기로 결정했다. 그들은 임원진이 어떻게 반응할지 지켜보기로 했다.

프레젠테이션은 화요일 오전으로 예정되어 있었다. 팀에게는 발표 시간이 한 시간 주어졌고, 질문 시간이 한 시간 더 할당되었다.

팀과 임원진이 회의실에 모이자, 블레이크는 반웰이 참석하지 않았다는 사실을 알았다.

"샘, 팀장님을 초대하셨나요?" 블레이크가 속삭였다.

"했어요. 하지만 크리스티가 그녀는 휴가 중이라고 하더군요. 그렇다고 회의 일정을 바꿀 수는 없었어요. 어떻게 휴가 일정을 변경할 수 없냐고 살짝 채근해봤는데, 더 이상 이 문제에 대해서 언급하지 말아달라고 하더군요. 그런데 오늘 아침에 이상한 문자 메시지를 받았어요."

"팀장님한테서요?" 블레이크가 물었다.

"그런 것 같아요." 샘이 말했다.

"그런 것 같다니요? 그게 무슨 말씀이세요? 팀장님이 보냈다는 건가요? 아니라는 건가요?" 블레이크가 물었다.

"글쎄, 우선 메시지가 너무 팀장님답지 않았어요."

"뭐라고 보냈는데요?"

"'우리 회사가 위기에서 벗어날 수 있게 도와줘서 고마워요. 오늘도 행운을 빕니다!'라고요."

"정말 뜻밖이네요." 블레이크는 깜짝 놀랐다.

"그런데 잠깐만요, 더 있어요." 샘이 말했다.

"더요?"

"네, 이게 정말 팀장님이 보낸 메시지가 맞는지 궁금해요."

"뭔지 궁금해요."

"'매기'라고 쓰여 있었어요."

"설마 농담이죠?"

"진짜예요. 한번 봐요." 샘은 블레이크에게 문자를 보여주었다.

"그거 멋진데요. 팀장님은 우리 팀이 이 일을 하는 데 중대한 역할을 해주셨죠. 앞으로 팀장님의 지혜를 좀 더 많이 활용할 수 있는 방법을 찾을 수도 있을 겁니다."

"두고 봐야죠. 이상하게 들릴지 모르겠지만, 오늘 그녀가 해변 어딘가가 아니라 지금 여기에 있었으면 좋겠어요." 샘이 말했다.

블레이크는 더 이상 말을 잇지 않았다. 그는 반웰의 비밀을 지키고 싶었다. 그는 그녀가 해변이 아니라 어머니와 함께 있기를 바랐다. "샘, 팀장님이 우리를 믿기 때문에 굳이 오늘 이 자리에 오지 않은 걸로 알겠습니다." 블레이크가 말했다.

"당신의 낙천적인 생각이 마음에 드는군요. 프레젠테이션을 시작합시다." 샘이 미소를 지으며 말했다.

회의는 예정대로 진행되었다. 정중하면서도 활기찬 분위기 속의 질의응답 시간이 진행되는 동안, 임원진은 세 명의 발표자 모두에게 깊은 인상을 받았다. 팀원들이 몇 가지 제안 사항을 제시했지만, 회사를 이런 상황으로 만든 건 리더십의 문제 때문이라는 언급은 직접적으로 하지 않았다. 앨런 스미스 사장은 발표자들에게 다음과 같이 말했다.

"여러분, 오늘 발표 감사합니다. 기획이 좋았고, 발표도 훌륭했습니다. 특히 이 프레젠테이션의 일부를 더 많은 리더 그룹과 공유하자는 여러분의 제안이 무척 마음에 듭니다. 다만 한 가지 미처 듣지 못한 것이 있는데, 다른 리더들이 이해했으면 하는 핵심 메시지가 무엇인가요?"

팀원들은 침묵했다. 그들은 이 질문에 대한 준비가 되어 있지 않았기 때문이다.

샘이 팀을 대표해 말했다. "아직 그 부분에 대한 검토가 완료되지는 않았지만, 며칠 내에 커뮤니케이션 계획을 가지고 다시 말씀드리겠습니다."

앨런은 샘의 설명이 만족스럽지 못했다. "근본적인 문제점이 뭐죠?" 그의 목소리가 조금 더 격양되었다. 그는 블레이크를 바라보았다. "블레이크? 어떻게 생각해요?"

블레이크는 심호흡을 하고 생각했다. '팀장님이 나를 해고하지 않았으니, 사장님도 그렇게 하지 않겠지.'

"우리는 변화하는 세상의 요구에 맞춰 리더나 조직을 충분히 성장시키지 못했습니다. 오늘의 문제에 어제의 해답을 제공했습니다." 블레이크가 말했다. 팀원들은 충격에 휩싸인 채 침묵 속에 앉아 있었다. 그들 대부분은 앨런과의 미팅에 참석한 적은 없었지만, 앨런이 충격적인 진실을 어떻게 받아들일지는 누구나 짐작할 수 있었다.

"고마워요, 블레이크. 당신 말이 맞아요. 샘, 자네가 언급한 커뮤니케이션 계획이 필요해요. 이번 주 안으로 제출하면 됩니다. 다시는 이런 일이 재발하지 않도록 대책을 마련하도록 하겠습니다. 자, 이 회의를 마치겠습니다." 앨런이 말했다. 그제야 팀원들은 한숨을 돌렸다.

모두가 자리에서 일어나기도 전에 앨런이 블레이크에게 말했다. "블레이크, 내 방에서 봅시다." 팀원들은 겁에 질린 표정이었다. 블레이크는 사지로 끌려가게 될까? "네, 알겠습니다." 블레이크가 대답했다.

다른 팀원들과 함께 문 쪽으로 향하던 샘은 블레이크를 지나
치며 속삭였다. "기도할게요." 블레이크는 옅은 미소를 지을 뿐
이었다.

2분 뒤, 블레이크는 앨런 방에 도착했다. 블레이크는 앨런이
먼저 말하기를 기다렸다.

"블레이크, 다시 한번 감사의 말을 전하고 싶네요. 이 팀의 성
공에 당신이 어떻게 기여했는지 들었어요. 처음부터 당신의 아
이디어였다고 하더군요. 그래서 그 모든 것에 감사드립니다. 하
지만 더 중요한 것은 오늘 진실을 말해줘서 고맙다는 것이에요.
진실을 말하는 사람이 절실히 필요한 시점입니다. 당신은 또한
용기를 보여주었어요. 진실을 말하는 건 리더에게 꼭 필요한 훌
륭한 자질 중 하나죠."

"감사합니다, 사장님. 아버지는 항상 진실이 리더의 가장 좋
은 친구라고 말씀하셨습니다."

"아버님의 말씀이 맞아요. 그 친구가 때로는 고통을 가져다
주기도 하죠. 오늘은 내게 고통스러운 날이었거든요. 내가 지
켜보는 가운데 이런 일이 벌어졌으니까요. 이번 일이 의미하는
바를 파악하는 데 시간이 좀 걸릴 것 같네요. 한 가지 분명한 결
론은 평생 학습과 개인적 성장에 전념하는 리더가 되는 것과
'성장의 문화'를 조성하는 것은 다르다는 것이죠. 나는 항상 성

장하는 리더가 되려고 노력해 왔지만, 성장에 대한 나의 열정을 공유하는 조직을 만드는 데는 실패했어요. 앞으로 내가 해야 할 일이 많네요. 당신도 같은 생각인가요?" 그는 창밖을 바라보며 물었다.

"'사장님 말씀에는 지혜가 담겨 있다'고 생각합니다. 우리 모두 해야 할 일이 많습니다."

"지혜인지 아닌지는 모르겠지만 진실인 건 확실해요. 우리에겐 할 일이 많습니다."

"앞으로 제가 어떻게 도움이 될 수 있을지 알려주세요."

"구체적인 내용은 잘 모르겠지만, 이 문제에 관련해 내게 도움을 줄 팀을 구성할 예정이에요. 물론 당신이 그 팀의 일원이 되어주길 바랍니다."

"저야 영광입니다, 사장님. 감사합니다."

"천만에, 내가 고맙지, 블레이크."

블레이크는 기분이 좋아져서 사무실로 돌아왔지만, 표정을 굳힌 채 샘의 책상 앞에 놓인 의자에 앉았다.

샘은 걱정스러운 표정으로 고개를 들어 그에게 물었다. "아직 계속 이 회사에서 근무하는 건가요?" 그가 물었다.

"아직 여기서 근무할 뿐만 아니라 진실을 말해줘서 고맙다는 인사까지 받았어요."

"설마 농담이죠?" 샘이 말했다.

"농담이 아닙니다. 게다가 저는 다이내스타의 성장 문화에 불을 붙이는 일원으로서 일해달라는 요청도 받았어요. 첫 번째로 우리가 할 일은 우리 조직의 리더들이 성장할 수 있도록 돕는 것입니다."

샘의 눈썹이 치켜 올라갔다. "어려운 과제인 것 같은데. 아이디어가 있나요?"

블레이크가 미소를 지으며 말했다. "네, 있습니다. 몇 가지 보여드릴게요." 블레이크는 노트를 꺼내 데비와의 미팅에서 작성한 메모를 샘에게 보여주었다.

샘은 잠시 블레이크의 노트를 살펴보았다. "이거 흥미로운데요. 이게 다 무슨 뜻인지 내게 가르쳐줄 수 있나요?"

"기꺼이 가르쳐드릴게요." 블레이크가 대답했다.

**Gain knowledge**(지식 습득하기)

- 자신

- 다른 사람들

- 업계

- 리더십

**Reach out to others**(다른 사람에게 다가가기)

- 공식적으로

- 비공식적으로

**Open your world**(자신의 세계 펼치기)

- 직장에서

- 직장 밖에서

**Walk toward wisdom**(지혜를 향해 나아가기)

- 자기평가

- 피드백

- 조언

- 시간

성 장 할

여 지

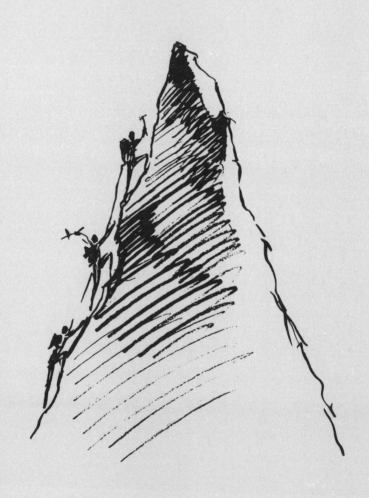

평소처럼 블레이크는 카페에 일찍 도착했다. 하지만 먼저 도착한 사람이 있었다. 그러나 이번에 만나기로 한 사람은 데비가 아니라 반웰이었다. 그의 상사는 창가 테이블에 앉아 그를 기다리고 있었다.

"안녕하세요, 팀장님."

반웰은 미소를 지으며 그를 맞이했다. 여기서는 매기라고 해요. 알았죠?"

"네, 팀장님." 블레이크는 그녀를 마주하고 앉았다.

"팀장님이 아니라 그냥 '매기'라고 불러줘요."

블레이크는 고개를 끄덕였다. 반웰이 휴가에서 돌아오고 나서 그녀를 본 것은 이번이 처음이었다. 블레이크는 정확히 말하기는 어렵지만, 그녀의 외모가 확연히 변한 것을 느꼈다. 그녀의 표정에는 슬픔의 흔적이 남아 있었지만, 좀 더 솔직하고 덜 숨기는 것처럼 보였다.

"프레젠테이션이 훌륭하게 진행되었다고 들었어요, 블레이크." 반웰이 말했다.

"정말 감사합니다. 팀장님, 아니 매기. 당신의 단기 및 장기적인 청중에 대한 아이디어에 모두가 공감했습니다."

"내가 듣기로는 그 회의에서 당신의 활약이 상당했다고 들었어요. 아버님이 당신을 자랑스러워하실 거예요." 반웰이 말했다.

블레이크는 슬픔이 밀려오자 눈을 내리깔았다. 사장인 앨런과의 만남에서 이룬 승리의 순간을 아버지와 함께 나누고 싶었지만, 이제 그럴 수 없다는 것을 알고 있었다. 그가 다시 고개를 들었을 때 반웰이 그를 쳐다보고 있었다.

"내가 여기서 만나자고 한 이유는 어머니를 만나러 가라고 설득해준 것에 대해 개인적으로 감사하고 싶어서예요. 어머니를 뵈러 가고 이틀 뒤에 돌아가셨어요."

"어머님과는 어땠나요?" 블레이크가 물었다.

"몇 년 동안 하지 못했던 사랑한다는 말을 할 수 있었어요. 솔직히 그동안 느껴보지 못한 감정이었어요. 그 이틀 동안 나와 어머니 사이에는 진정한 사랑을 나누었어요. 우리는 후회와 원망에 대해 이야기를 나눴고, 그렇게 하자마자 그런 것들이 사라지는 것 같았어요. 이후 어머니는 의식을 잃었지만, 정말 평화로워 보였어요." 반웰은 입술을 깨물며 커피잔을 바라보았다.

블레이크는 상사가 직장으로 돌아올 준비가 되어 있는지 걱정되었다. 그녀는 여전히 상실감에 힘들어하는 것처럼 보였다.

"작별 인사를 할 수 있었다니 정말 다행입니다. 저는 아버지의 죽음이 너무 갑작스러워서 그렇게 하지 못했거든요." 블레이크가 말했다.

"하지만 아버님은 당신이 자신을 사랑한다는 것을 알고 계셨어요. 내가 아버님 밑에서 일할 때도 그의 눈에는 아들이 제일 예뻤죠. 그리고 지금 당신이 가고 있는 이 길, 즉 리더로서 성장하겠다는 결심이야말로 아버님을 기릴 수 있는 최고의 방법이에요."

"그랬으면 좋겠습니다. 그리고 다이내스타를 정상 궤도에 올려놓기 위해 우리가 하고 있는 조치에 대해서도 기대가 큽니다. 해야 할 일들이 많은데 제가 정말 도움이 될 수 있을 것 같습니다."

"물론 그럴 수 있겠죠." 반웰이 말했다. 그녀는 얼굴을 찌푸리더니 이전의 강인함이 얼굴에 다시 나타났다. "하지만 아직 배울 게 많아요. 지난주에 제출한 보고서를 살펴봤는데, 지역이

뒤섞여 있고 총매출과 순이익의 개념이 아직 명확하지 않은 것 같더군요. 보고서를 제대로 작성해주세요. 아, 그리고 이제 영업 실적을 좀 내줄래요?"

블레이크는 활짝 웃었다. 그가 알고 있는 반웰이었다.

"네, 할 수 있습니다. 제가 성장하려면 아직 갈 길이 멀다는 걸 알고 있습니다." 블레이크가 대답했다.

_ **모윤희**(블랜차드코리아 대표)

"**솔**직히 저는 리더십에는 별 관심이 없습니다. 리더가 되는 게 뭐 중요한가요?"

최근 리더십 교육을 하면서 가장 많이 듣는 이야기다. 예전에 나는 어떻게 하면 동료보다 빨리 승진할 수 있을지, 어떻게 하면 더 연봉을 높일 수 있을지, 어떻게 하면 임원이 될 수 있을지가 가장 큰 관심사였다. 하지만 요즘은 "팀장이 꼭 되어야 하나요? 전 그냥 제 일만 하고 싶어요. 리더는 저의 커리어 목표가 아닙니다"라는 말을 자주 듣는다. 맞는 말이다. 꼭 팀장이 되어야 하는 것은 아니다. 그냥 자기가 하고 싶은 일을 하면서 행복하게 사는 것이 정답이다. 그런데 여기서 우리가 한 가지 생각해봐야 하는 중요한 포인트가 있다. 바로 리더십이란 직위, 지위에 상관하지 않고 다른 사람의 생각, 신념, 개발에 영향을 주는 것이다. 그러므로 동굴 속에서 나 혼자 살지 않는 한, 우리 모두는 이미 리더십을 발휘하고 있는 것이다. 같이 사는 세상에서 다른 사람과 어떻게 소통하면서 리더십을 발휘하느냐, 그리고 아무리 힘든 환경 속에서도 나 자신을 경영하는 셀프 리더십을 어떻게 발휘하느냐가 바로 성공을 쟁취하는 열쇠다.

나는 30대 초반이었을 때 나만 능력이 있으면 성공을 이룰 수 있다고 자신했었다. 그래서 회사에서 다른 사람들과 어떻게 관계를 형성해야 하는지보다 그들을 어떻게 하면 경쟁에서 물리치고 성공할 수 있는지가 중요했다. 자기밖에 모르는 이기적인 상사와 매일 싸우다가 이제 더 이상 회사에서 나의 비전이 보이지 않자, 회사를 그만두고 창업했다. 하지만 그때 당시 나는 한 달의 수입에만 관심이 있을 뿐, 내 삶 속에서 나를 어떻게 이끌어 나가야 하는지, 다른 사람들과의 관계에서 리더십을 어떻게 발휘해야 하는지는 솔직히 내 관심사가 아니었다. 불행히도 3년 만에 창업은 실패로 끝났다.

나는 왜 창업에 실패했을까? 이 책을 통해서 실패의 원인을 알게 되었다. 이 책의 키워드는 'GROW(성장)'다. 성장을 하지 않으면 죽는 것과 마찬가지라는 메시지를 전달하고 있다. 내 창업의 실패는 바로 내가 성장하지 못했기 때문이다. 그렇다면 왜 성장이 중요한 것이며, 이런 성장이 나의 성공과 어떤 연관성이 있는 것일까? 어떻게 성장해야 나는 성공할 수 있을까? 이 책에는 이에 대해 아주 구체적으로 설명하고 있다.

GROW는 성공하기 위해서 해야 하는 각 단계별 방법의 약자다. 이 중에서도 가장 와닿는 단계는 첫 번째, 두 번째, 세 번째 단계다. 첫 번째, G는 Gain Knowledge, 지식을 습득한다는 의미다. 자신이 속한 분야에 대해 지속적으로 정보를 습득해 어떤 변화가 일어나고 있는지, 앞으로 어떤 변화를 예측할 수 있는지를 파악하는 것이다. 더불어 나를 성공적으로 이끌어주는 자기 경영의 힘인 셀프 리더십 스킬을 학습하고 꾸준히 강화하는 것이다. 즉, 자기계발에 대한 부분이다.

리더십 교육을 하면서 다양한 참석자를 만나게 되는데, 한 가지 불변의 진리는 자기계발을 열심히 하는 사람들은 늘 보면 알 수 있다는 것이다. 눈이 초롱초롱하고 교육에 열정적이며 성장하기 위해 노력한다는 것이다. 3년 후, 5년 후에 다른 교육에서 우연히 그들을 다시 만났을 때, 그들은 직장에서 승진했 거나 늘 더 좋은 기회를 얻어 다른 회사에서 아니면 창업해서 자신의 성공적인 미래를 개발해 나가고 있었다. 하지만 나는 20대~30대 때 자기계발에는 관심이 많았지만 늘 바빠서 할 시 간이 없었다. 자기계발보다는 쇼핑을 즐기고 돈은 나름대로 잘 벌고 있었기에 어느 정도 성공했다고 자부하고 있었다. 그러 다 보니 성장에는 점점 관심이 없어지고 불필요한 경쟁에만 집 중하고 있었다. 근거 없는 자신감으로 창업했다가 실패하고 나 서야 내가 성장하지 못했기에 쓴맛을 맛볼 수밖에 없었다는 사 실을 깨달았다. '아, 내가 속한 분야에 대해서 열심히 공부하고 셀프 리더십 스킬을 키웠더라면, 아무리 힘든 환경에 처했어도 그 상황을 극복해 나갈 수 있었을 텐데. 또한 다른 사람들과 신뢰를 형성하며 그들의 협업을 이끌어낼 수 있었을 텐데. 그리고 나의 목표를 어떻게 성공적으로 성취할 수 있는지를 배웠어야 했는데 내가 너무 부족했구나'를 깨달았다. 하지만 이미 내가 실패하고 난 뒤였다. 성공하기 위해서는 지속적인 자기계발이 필수임을 다시 한번 배운 셈이다.

두 번째, R은 Reach out to others, 다른 사람들에게 다가간다는 의미다. 즉, 다른 사람들과 긍정적인 관계를 형성하는 것이다. 요즘 리더십 강의를 하다 보면, 리더들로부터 이런 말을 자주 듣는다.

"요즘 세대들은 자기 말을 하는 걸 굉장히 싫어해요. 내가 관심을 가지고 물어보면 개인적인 걸 물어본다고 싫어한다니까요. 난 긍정적인 관계 형성을 위해서 관심을 가져준 것뿐인데 왜 싫어할까요?"

"어머, 그래요? 어떤 질문들을 하셨나요?" 내가 물었다.

"뭐, 호구조사 같은 거죠."

이런 대화를 하면서 나도 모르게 미소 짓게 된다. 왜냐하면 나 역시 예전에 다른 사람이 나에게 개인적인 질문을 하는 것을 무척 싫어했기 때문이다. 캐나다에서 공부하고 일을 하다가 한국으로 돌아온 나는 외국 기업에 취업했다. 입사 첫날 사람들이 내게 질문들을 했다.

"나이가 어떻게 되나요? 어느 학교 나왔어요? 남자 친구는 있나요? 남자 친구의 직업은 뭔가요? 부모님은 어떤 일을 하세요?"

무척 당황스러웠다. 캐나다에서 가장 좋았던 점은 사람들이 나이, 학교, 부모님 일 등 개인적인 질문을 하지 않는다는 것이었다. 그들은 내가 말하기 전에는 이런 부분에 대해서 전혀 물어보지 않았다. 하지만 나와 늘 눈높이를 맞춰주고 나의 이야기를 경청하고 따뜻한 마음으로 대화를 나누었다. 이와는 반대로 한국에서의 이런 질문들은 나를 당혹스럽게 만들었다. 도대체 왜 이런 질문들을 하는 것일까?

하지만 상대방이 어떤 비전을 가지고 어떤 목표를 이루고자 하는지, 어떤 분야에 관심이 있는지, 중요하게 생각하는 가치는 무엇인지를 물어보며 그들의 이야기를 듣게 되면, 우리는 그들을 더 잘 이해하게 된다. 그러면서 긍정적인 관계가 형성되기 때문이다. 20대, 30대의 나는 전혀 다른 사람들에게 관심이 없었다. 그들이 어떤 꿈을 꾸고 살아가는지, 어떤 가치를 가지고 살아가는지는 나와 전혀 상관없는 이야기들이었다. 나의 성공만이 중요했다. 정말 어리석은 생각이었다. 그러니 창업에 실패한 것도 당연한 결과다. 혼자 살아가는 세상이 아니다. 그러기에 다른 사람들과의 긍정적인 관계 형성이 무엇보다도 필요하다. 그들의 꿈, 가치, 관심 분야에 대해서 알게 될 때 그들을 더 잘 이해하게 된다. 에이브러햄 링컨의 유명한 격언 중 이런 말이 있다. "저는 저 남자가 싫습니다. 그러니 그를 더 잘 알아야 할 것 같습니다.' 그 사람을 더 잘 알수록 이해의 폭이 넓어지고 긍정적인 관계를 형성할 수 있다. 다른 사람과의 긍정적인 관계 형성으로 우리는 보다 나은 협업을 이루고 서로 도움을 주고받으면서 함께 살아갈 수 있다.

세 번째 O는 Open your world, 자신의 세계를 펼치는 것이다. 이는 다양한 경험의 중요성을 말하는 것이다. 부모님 덕분으로 20대와 30대 초반에 영국과 캐나다에서 대부분 생활했던 나는 다양한 경험을 하게 되는 소중한 시간을 보냈었다. 솔직히 나는 예술, 여행, 스포츠에는 전혀 관심이 없었다. 박물관, 전시회는 너무나 지루한 장소였고, 클래식 음악은 소음 공해였다. 스포츠는 줄넘기 외에는 전혀 하지 않는 나에게 멀게만 느껴지는 주제였다. 나의 유일한 관심은 영어였다. 어느 날, 영어 실력을 키우기 위해서는 자원봉사가 가장 좋다는 말을 듣고 캐나다 적십자사에서 주최하는 자원봉사에 합류했다. 나는 헌혈 센터에서 도우미로 자원봉사를 했다. 내가 그곳에서 하는 일은 사람들이 헌혈하고 난 후, 그들에게 주스와 간식거리를 주는 것이었다. 원어민들과의 대화로 영어 실력을 강화하려는 것이 목적이었는데, 별것 아닌 나의 행동에 진심으로 고맙다고 말하는 사람들, 서로 진정으로 보살펴주는 자원봉사자들을 보면서 도움을 주는 것이 왜 중요하며, 이것이 얼마나 값진 행동인지를 깨닫게 되었다.

늘 남을 도우라는 말을 들었지만 솔직히 나는 왜 남을 도와야 하는지를 이해하지 못했고 '나만 잘살면 되는 것 아닌가?'라고 생각하는, 철저히 이기적인 사람이었다. 자원봉사를 하면서 나는 우리가 서로 돕고 살 때 함께 행복한 삶을 살아 나갈 수 있다는 것을 진정으로 느끼게 되었다.

다양한 영화를 통해 리더십의 중요성을 깨닫고 성장하지 않을 때 어떤 처참한 결말을 맞게 되는지를 간접 경험했다. 여행하면서 문득 바라본 노을을 보며 나의 삶을 성찰하게 되고 새로 만난 사람들과의 대화에서 그들의 가치를 이해하게 되며 나의 가치를 돌아보게 된다. 이렇듯 다양한 경험은 우리에게 풍부한 인사이트를 제공해주며 우리가 배운 이론을 마스터할 수 있게 해준다. 예를 들면, 수학 문제를 풀 때 개념을 먼저 배우고 그 개념을 정확히 파악하기 위해서 응용문제를 푸는 것과 마찬가지다. 바로 다양한 경험이 응용문제 풀이다. 응용문제 풀이 없이는 개념을 정확히 파악할 수 없는 것처럼, 다양한 경험을 통해 우리는 풍부한 통찰이 생기고 우리가 배운 지식과 개념, 스킬을 터득하게 된다.

현재 비전이 보이지 않아서 고민하고 있거나, 어떻게 살아야 할지 막막하거나, 삶이 지치고 힘들다면 이 책을 꼭 읽어 보길

추천한다. 내 삶에 있어서 어떻게 성공을 쟁취해 행복하게 살아갈 수 있는지 구체적인 방법을 알려줄 것이다. 성장하지 않을 때, 우리는 힘들고 지치고 삶이 버거워진다. 어떻게 하면 성장해 성공할 수 있을까? 이 책을 읽고 실천해보라. 그러면 내가 원하는 미래의 내 모습이 펼쳐지게 될 것이다.

# 성장에 도움이 되는 자료

블레이크의 이야기를 재미있게 읽으셨기를 바랍니다. 다음은 당신이 성장하는 데 도움이 되는 자료를 찾을 수 있을 것입니다.

# 개인 평가

다음 기준을 사용해서 각각의 각 진술을 평가하세요.

완전 동의-5 부분 동의-4 동의도 부정도 아님-3 부분 부정-2 완전 부정-1

## G 지식 습득하기                                            점수

나는 자신의 강점과 약점을 알고 있다.                      _____

나는 이끌고 있는 사람들을 깊이 있게 알고 있다(개인적으로나 업무적으로).

_____

나는 내가 속한 업계를 매우 잘 알고 있다.                _____

나는 리더십의 원칙과 관행들을 상당히 숙달하고 있다.      _____

나는 상세하게 적힌 자기계발 계획을 가지고 있다.          _____

**총점** _____

## R 다른 사람에게 다가가기                                  점수

나는 항상 다른 사람의 성장에 기여할 수 있는 방법을 찾고 있다.  _____

나는 새롭게 떠오르는 리더들과 지속적인 멘토링 관계를 형성하고 있다.

_____

나는 가르치는 기회를 수시로 관찰하고 포착한다.          _____

나는 자주 내가 배운 것을 다른 사람들과 공유한다.        _____

나는 리더십에 대한 나의 관점을 전달하는 능력이 상당하다.    _____

**총점** _____


## O 자신의 세계 펼치기    점수

나는 직장에서 끊임없이 성장할 기회를 찾는다.    _____

나는 직장 밖에서 끊임없이 새로운 경험을 추구한다.    _____

나는 나의 성장을 돕는 멘토가 있다.    _____

나는 항상 나의 리더십을 발휘할 수 있는 다양한 기회들을 찾고 있다.

_____

나는 매일 배우고 성장할 수 있는 기회를 찾는다.    _____

**총점** _____


## W 지혜를 향해 나아가기    점수

나는 나의 리더십에 대해 일관되게 자신에게 진실을 말한다.    _____

나는 진실을 말하는 사람들로부터 적극적으로 피드백을 구한다.    _____

나는 중요한 문제에 대해 조언을 구할 수 있는 신뢰하는 사람들이 있다.

_____

나는 심오한 질문을 던지는 기술과 방법을 습득했다.    _____

나는 평생에 걸쳐 지혜를 추구하는 데 전념하고 있다.    _____

**총점** _____

궁금해할까 봐 이야기하자면, 방금 완료한 평가는 그 자체에 가치가 있는 것이 아니다. 평가 이후에 어떻게 하느냐에 가치가 있다. 다음은 당신이 고려해야 할 몇 가지 제안 사항이다.

네 가지 평가 영역을 살펴보라. 가장 높은 점수를 받은 영역에서 어떻게 하면 더 발전할 수 있을까? 다음으로는, 현재 가장 부족한 영역이 무엇인지 살펴보라. 한 가지 항목만 골라 계획을 세워보라. 예를 들어, '지혜를 향해 나아가기' 항목에서 중요한 문제에 대해 조언을 구할 수 있는 신뢰할 만한 사람들이 없다는 것을 깨달았다면, 오늘부터 개인적으로 조언을 해줄 수 있는 사람들을 모아보라. 또는 배운 내용을 다른 사람들과 자주 공유하는 것에 낮은 점수를 받았다면, 이 책에서 배운 내용을 함께 나눌 수 있는 사람을 생각하라.

한 가지를 성공적으로 해냈다면, 다른 한 가지를 선택하라. 모든 항목을 다 해냈으면, 다시 시작해서 또다시 실행해보라. 결코 멈추지 마라. 중요한 것은 여정을 계속하는 것이다.

추가 질문으로, 방금 읽은 것들보다 더 가치 있는 질문이 하나 더 있다. 바로 이것이다.

'당신은 평생 리더이고 싶은가?'

이것은 정말 중요한 질문이다. 당신이 이 책에서 단 한 가지만 기억하고 있다면, 다음 문장을 기억하길 바란다.

**'당신의 성장 능력이 리더로서의 역량을 결정한다!'**

비전을 현실로 바꾸는 힘

# 성장은 나를 최고로 만든다

**1판 1쇄 인쇄** 2023년 11월 17일 | **1판 1쇄 발행** 2023년 12월 11일

**지은이** 켄 블랜차드·마크 밀러
**옮긴이** 모윤희

**발행인** 신수경
**책임편집** 신수경
**디자인** 디자인 봄에
**마케팅** 용상철 | **제작** 도담프린팅
**발행처** 드림셀러
**출판등록** 2021년 6월 2일(제2021-000048호)
**주소** 서울 관악구 남부순환로 1808, 615호 (우편번호 08787)
**전화** 02-878-6661 | **팩스** 0303-3444-6665
**이메일** dreamseller73@naver.com | **인스타그램** dreamseller_book
**블로그** blog.naver.com/dreamseller73

**ISBN** 979-11-92788-14-2 (03320)

- 책값은 뒤표지에 있습니다.
- 잘못 만들어진 책은 구입한 곳에서 바꾸어 드립니다.

※ **드림셀러는 당신의 꿈을 응원합니다.**
　드림셀러는 여러분의 원고 투고와 책에 대한 아이디어를 기다립니다.
　주저하지 마시고 언제든지 이메일(dreamseller73@naver.com)로 보내주세요.